Wenn einer eine Reise tut...

... dann hat er was zu knipsen!
von Günter Leitenbauer

Gestaltung der Umschlagseiten: Günter Leitenbauer

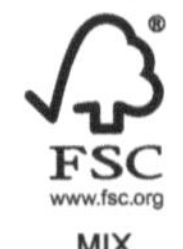

Vorwort des Autors

Dieses Büchlein ist eine Reisebeschreibung zu meinem fotografischen Urlaub in Deutschland 2023. Literarisch nicht ganz so geschliffen wie die des Geheimrates Goethe, aber dafür mit Bildern[1]. Aus drucktechnischen und aus Kostengründen sind es allesamt Schwarzweißbilder; trotzdem nett anzusehen, hoffe ich! Die Farbbilder dazu finden Sie auf meiner flickr-Seite im Album „Germany":

https://www.flickr.com/photos/guenterleitenbauer

Üblicherweise machen ja eher die Deutschen in Österreich Urlaub als umgekehrt. Spätestens nach meinem ersten Urlaub an der Ostsee 2010 verstehe ich das nicht mehr. Ja, natürlich assoziiert man in Österreich Deutschland eher mit seinen großen Städten und der Industrie, aber dieses Land hat so viel mehr zu bieten! Beim aktuellen Urlaub habe ich deshalb ganz bewusst die großen Städte links und rechts liegengelassen und mich auf eher ländliche Gegenden konzentriert. Ich habe das keine Sekunde bereut.

Ein Absatz zu den Deutschen sei mir ebenfalls gestattet. Eigentlich kann man es in einem einzigen Satz zusammenfassen: Mir sind auf der gesamten Reise ausnahmslos nur nette und überaus freundliche Menschen begegnet. Das ist nun für mich keine Überraschung, sondern eher eine Bestätigung meiner Philosophie. Ich will mich im Urlaub nicht ärgern, ich will Spaß haben. Also versuche ich, nach dem bei uns geläufigen Sprichwort vorzugehen: *„Wie du in den Wald hinein rufst, so schallt es zurück!"* Ich versuche das natürlich nicht nur im Urlaub so handzuhaben, sondern generell, aber im Urlaub fällt es irgendwie leichter. Deshalb kann ich auch über die von mir bereisten Länder (es sind nicht allzu viele, aber doch einige) pauschal sagen, dass die Menschen vermutlich überall freundlich sind, wenn man sie nur lässt – und nicht gleich beim ersten Satz davon überzeugt, dass man ihre Freundlichkeit nicht verdient. Allerdings war es eben heuer besonders auffällig, wie nett man in Deutschland einem Reisenden begegnet.

Die nächste Reise ist daher schon geplant, denn ich habe noch lange nicht alles gesehen (oder gar fotografiert), das mich dort interessiert.

Günter Leitenbauer, September bis Oktober 2023

---

[1] Ausnahmslos alle in diesem Buch gezeigten Bilder sind vom Autor und entstanden auf dieser Reise.

Danksagung

Danke an meine Familie, die immer Verständnis für meine Eskapaden hat. Mit mir hat man es nicht immer leicht; vor allem nicht, wenn ich fotografiere.

Danke auch an alle, die mich auf dieser Reise so freundlich aufgenommen haben.

Und zu guter Letzt: Danke an die in unseren Tagen so oft geschmähte Wissenschaft! Sie hat – neben so Vielem – das Fotografieren, so wie wir es heutzutage betreiben, erst möglich gemacht.

„Das Leben ist eine Reise, die heimwärts führt.“

Herman Melville
(1819 - 1891)

Vorfreude

2021 war ich auf einer Rundreise durch Frankreich gewesen und hatte etliche Fotos gemacht – vor allem die Schlösser der Loire und die Küsten der Bretagne hatten es mir angetan. Daraus entstand schlussendlich ein Kalender. Die Bilder kamen gut an, aber für mich war es eher die Entstehungsgeschichte derselben, die den eigentlichen Spaß darstellte.

Als ich im Vorjahr überlegte, wohin es mich im Urlaub 2023 treiben würde, stolperte ich über ein altes Bild, das ich 2010 in Schwerin gemacht hatte. Wir waren damals auf der Rückreise von unserem Ostseeurlaub mit den Kindern, die zu diesem Zeitpunkt neuneinhalb Jahre alt gewesen waren. Ja, beide – es sind Zwillinge. Der Reiseplan beinhaltete nach dem Urlaub am Weißenhäuserstrand an der Ostsee noch drei Tage in Berlin. Meine Frau war nicht begeistert, als ich einen Tag vor der Abreise von der Ostsee meinte:

„Du, im Fotoclub hat einer gesagt, in Schwerin gäbe es ein sehr fotogenes Wasserschloss. Den kleinen Umweg machen wir, ja?"

„Mehr weißt du nicht? Nur dass es da angeblich ein schönes Schloss gibt?"

Wir hatten damals naturgemäß noch keine Smartphones um nachzusehen, also wusste ich tatsächlich nicht mehr, setzte mich aber wider Erwarten durch und gab am folgenden Morgen vor der Abreise ins Navi des Autos ein: „Schwerin, Schloss". Es schlug mir daraufhin „Schlossstraße 1" vor, ich bestätigte, und wir fuhren los. Was soll ich sagen: Meine Frau hat die ganze Strecke von der Ostsee bis nach Schwerin gemeckert. *„Wir fahren jetzt also ins Blaue, und das nur aufgrund einer nebenbei fallengelassenen Bemerkungen eines Fotoclubkollegen"*, *„Du weiß ja nicht einmal, wie das Schloss aussieht, geschweige denn, wie man es findet!"*, etc.

Sie hatte mit alldem vollkommen recht. Es war ein Schuss ins Blaue. Ein klassischer Leitenbauerplan: Keine Ahnung von nichts, aber zu allem fest entschlossen.

Als wir die Schweriner Seenplatte erreichten, eine landschaftlich sehr schöne Gegend, wurde sie merklich stiller. Und als wir ein paar Minuten später am Parkplatz in der Schlossstraße hielten – direkt vor diesem Märchenschloss, meinte sie nur: *„Okay. Ich sage eh schon nichts mehr."* Ich habe ihr dieses Eingeständnis damals durchaus hoch angerechnet.

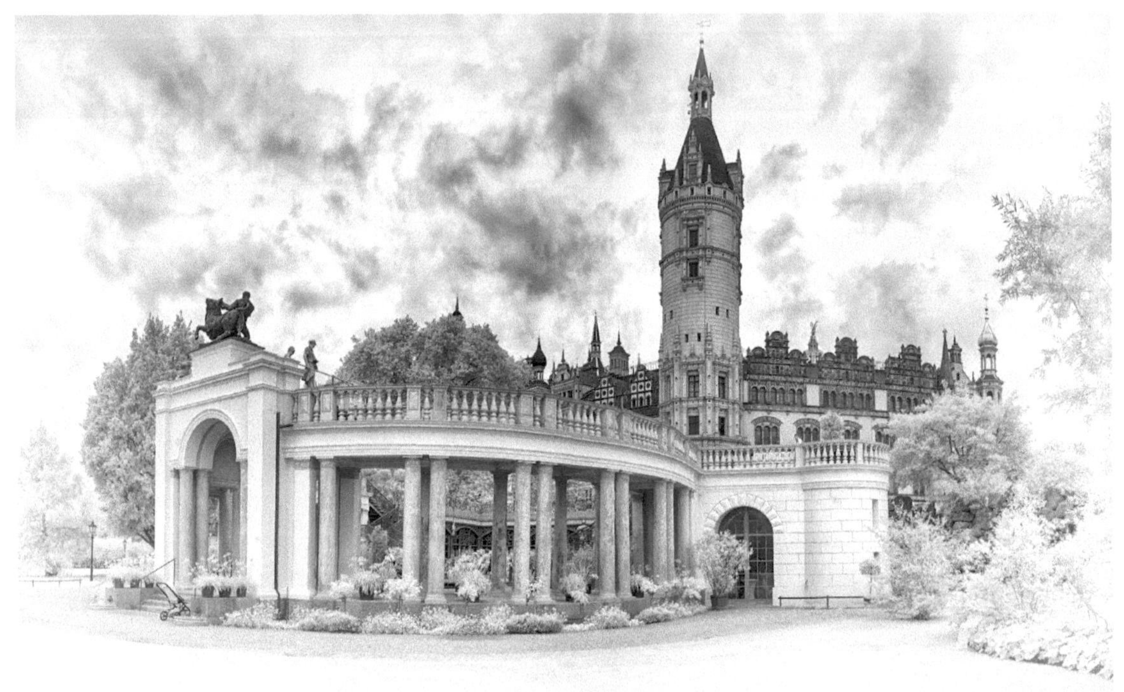

Wasserschloss Schwerin – Infrarotaufnahme (2023)

Ich habe dann dort einige recht brauchbare Bilder gemacht, das Schloss haben wir auch noch besichtigt, dann etwas gegessen. Am Abend erreichten wir Berlin, wo wir drei sehr schöne und informative Tage verbrachten, aber das ist eine andere Geschichte.

2023 stand nun also wieder eine Deutschlandreise auf dem Programm. Diesmal alleine – was bedeutete: Chaos pur, ohne dass jemand meckern kann. Sich über mich zu ärgern wäre dann allein mir selbst vorbehalten. Um dieses zu erwartende Problem etwas abzumildern, erstellte ich also einen Reiseplan, von dem mir natürlich klar war, dass er bestenfalls eine grobe Richtlinie sein würde. Im Endeffekt würde ich unterwegs entscheiden, welche Ziele ich ansteuere.

Ich recherchierte etwas im Internet und nach einigen Tagen stand die grobe Reiseroute: Beginnend in Bayern würde ich über Baden-Württemberg, Rheinland-Pfalz, Hessen und Niedersachsen an die Ostsee pilgern, um dann von dort im Osten über Brandenburg, Sachsen und Bayern zurückzufahren. Eine richtige Rundreise also!

Es konnte losgehen, aber zuvor musste noch einiges vorbereitet werden.

Reisevorbereitungen

Der Klimawandel ist in aller Munde. Weshalb auch ich mittlerweile alle kürzeren Fahrten möglichst mit einem vollelektrischen PKW mache. Das ist aber halt bei so einer Reise (noch) schwierig. Wie eingangs erwähnt, regiert bei mir immer ein wenig das Chaos; Ladestopps vorzuplanen ist somit für mich fast ein Ding der Unmöglichkeit. Aus diesem Grund – und weil die Karre viel, viel Platz bietet – war ich auch heuer wieder mit meinem Diesel-Van unterwegs.

Die hinteren Sitzreihen umgelegt, passt da sogar eine Matratze hinein, um dafür gerüstet zu sein, falls einmal kein Zimmer zu bekommen sein sollte. Was mir in Frankreich 2021 (trotz des Covid-bedingten geringeren Reiseaufkommens) zweimal passiert war. Heuer kam das glücklicherweise nicht vor. Meine jugendlich-übermütigen Tage sind gezählt, und ich gestehe gerne ein, dass ich eine abendliche heiße Dusche und ein schönes Bett in einem Hotel oder in einer Pension samt einem üppigen Frühstück am nächsten Morgen durchaus wertschätze und einer Nacht in einem heißen Auto vorziehe.

Außer einem Koffer mit den üblichen Reiseutensilien schleppe ich natürlich jede Menge Fotoausrüstung mit mir herum, auch wenn ich das mittlerweile etwas reduziert habe; schließlich muss ich das Zeug ja jeden Abend auf ein Hotelzimmer bringen, weil ich es natürlich nicht im Auto lassen möchte. Im Endeffekt wurden es auch diesmal wieder zwei randvolle Fotorucksäcke, was auch darauf zurückzuführen ist, dass ich vor einigen Jahren auf das Mittelformat umgestiegen bin und neben den „normalen" Bildern auch Infrarotfotografie betreibe. Ich habe also immer zwei Mittelformatkameras dabei, eine für Infrarot und eine für das sichtbare Spektrum, und die sind beide ziemlich groß – was auch Vorteile hat: In Venedig brauche ich diese Monster nur in Anschlag zu bringen, und schon treten die Touristenmassen ehrfürchtig zur Seite: Bei so einem Gerät muss das ein Profi sein! Nun, eine Hasselblad der H-Serie ist eben irgendwie auch die Panzerfaust der Fotografie. Die Größe spielt halt doch eine Rolle, egal was uns Frauenzeitschriften einzureden versuchen. Zumindest in der Fotografie gilt das auf alle Fälle.

Ich habe es auch schon erlebt, dass, nachdem ich fertig fotografiert hatte, manche Touristen genau meinen Platz eingenommen haben, um ebenfalls von dort ein Bild zu machen, wo eben noch der „Profi" gestanden hat. In Hallstatt habe ich mir dazu einmal mit einer chinesischen Reisegruppe einen Jux gemacht. Es war mir nicht zu dumm, mein Stativ an einer für gute Bilder völlig ungeeigneten Stelle aufzubauen, ein Bild zu machen, und dann zu beobachten, wie sie sich alle ratlos an die genau gleiche Stelle positioniert haben, als ich sie dann wieder geräumt hatte. Schade, dass ich nie erfahren werde, wie sie mit den Bildern zufrieden waren!

Nachdem die Kameras so unhandlich sind, habe ich mich dafür bei den (ebenfalls großen) Objektiven eingeschränkt. Außer einem 28mm Weitwinkel (das entspricht in etwa einem 21mm Superweitwinkelobjektiv für das Kleinbild), einem 35-90mm Zoom (Kleinbildäquivalent 45-117mm) und einem 200mm Tele

(Kleinbildäquivalent 154mm) hatte ich keine Mittelformatobjektive dabei. Ausreichend Speicherkarten, einige Filter und ein Stativ waren aber natürlich mit von der Partie.

Dazu kommt als eiserne Reserve noch eine Kleinbildkamera mit zwei Objektiven, die ich heuer aber nur einmal benötigt habe, während sie sonst zumeist im Auto blieb. In meinem Van hat das alles glücklicherweise schön Platz. Flugreisen wären schon allein aus diesem Grund ein Alptraum für mich: Jede Menge Übergepäck und dazu das Risiko, dass die Kameras verlorengehen oder beschädigt werden.

Wer sich jetzt aber denkt, dass ich viele tausend Bilder gemacht hätte, der irrt: Je größer die Kameras, desto weniger Bilder macht man. Irgendwie ist das Mittelformat auch hier entschleunigend. Am Ende der Reise waren es gerade einmal 1300 Fotos. Da habe ich bei so manchem Rockkonzert in den 15 Minuten der ersten drei Songs[2] mehr gemacht.

Bis auf die Fotosachen habe ich den Van am Vorabend der Reise fertig eingeräumt – und mich dann bald zu Bett begeben. Schließlich sollte es früh am Freitagmorgen losgehen. Ich hatte mich gegen den Samstag entschieden, um dem Wochenend- und Urlaubsreiseverkehr nach Möglichkeit zu entgehen. Ganz so planlos bin ich vielleicht ja doch nicht.

———————————————————————

[2] Üblicherweise darf man bei Rockkonzerten nur mit einer Akkreditierung fotografieren, dafür aber im Graben vor der ersten Reihe stehen. Nach drei Songs ist dann zumeist Schluss – die Musiker wollen keine Bilder, auf denen sie verschwitzt aussehen. Also bleibt man im wesentlichen einfach die ganze Zeit im Serienmodus am Auslöser und sucht sich dann die besten fünf bis zehn Bilder aus den 1500 heraus. Das ist das genaue Gegenteil eines gut vorbereiteten und geplanten Landschaftsbildes vom Stativ, macht aber auch höllischen Spaß!

Von Gunskirchen zur Zugspitze

Der Wecker läutet um nullvierhundert. Draußen ist es noch stockdunkel, aber es ist Hochsommer; 21. Juli – da wird es bald dämmern. Nachdem ich sowieso Frühaufsteher bin, macht mir das auch nichts aus, und so setze ich mich um 5:40 Uhr ins Auto. Das Navi habe ich am Vorabend auf „Hintersee, Ramsau" programmiert, weil dies das erste Ziel ist. Seen sind früh am Morgen immer am schönsten zu fotografieren, und so mache ich mich auf den Weg. Im Auto läuft ein Hörbuch von Frederick Forsyth: „Der Unterhändler", ein Thriller. Ich höre während des Fahrens längerer Strecken gerne Hörbücher, weil es verhindert, dass ich ermüde.

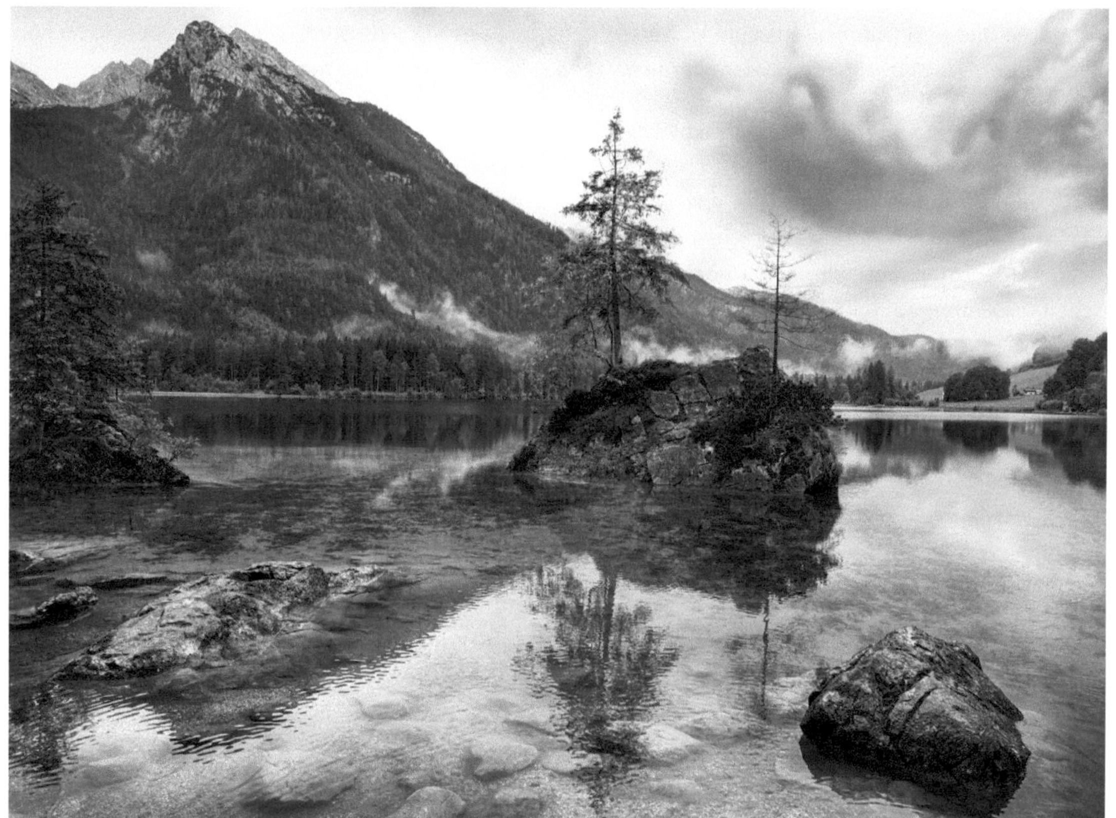

Hintersee bei Ramsau / Bayern

Ohne Stau komme ich in um 6:55 Uhr in Ramsau an. Ich fahre grundsätzlich eher gemächlich, vor allem im Urlaub. Warum soll ich mich auch stressen? Leider regnet es ziemlich stark, als ich den Hintersee erreiche, weshalb ich vorerst einmal einen Parkplatz suche und noch etwas im Auto bleibe. Gegen 7:30 schwächt sich der Regen zu einem Nieseln ab, und ich schnappe mir meinen Fotorucksack, um an diesem eher kleinen See nach einem guten Fotospot Ausschau zu halten.

Der ist auch schnell gefunden. Am Hintersee gibt es zum Fotografieren nämlich genau einen wirklich guten Flecken – und viele, die nicht ganz so schlecht sind. Ich versuche zwar meistens, meine Bilder nicht genau dort zu machen, wo sie schon tausend andere Fotografen gemacht haben, aber an diesem See ist das alternativlos. Er liegt ruhig da, kein Windhauch kräuselt ihn, lediglich die letzten Regentropfen brechen die spiegelnde Wasseroberfläche auf. Als ich das Stativ aufgebaut habe, treffen zwei weitere Fotografen ein, die am Parkplatz neben mir stehen und auch den Regen abgewartet haben. Schnell ist eine Unterhaltung im Gange. Die beiden kommen aus dem Sauerland, sie machen mit ihren Frauen Urlaub am Achensee und sind frühmorgens zum Hintersee gefahren, um zum Frühstück wieder zurück sein zu können. *„Unsere Holden schlafen sowieso gerne bis zehn."*, lacht der eine und macht ein Bild vom See.

Ich erzähle ihnen von meiner geplanten Rundreise, und sie fragen mich, ob ich auch ins Sauerland kommen werde. Nein, das ist eigentlich nicht geplant. Ich mache ein Foto. Meine Hasselblad erregt ihr Interesse, und wir unterhalten uns eine Viertelstunde sehr nett über das Fotografieren. Irgendwie sind Fotografen überall gleich – das Gesprächsthema ist nie ein Problem. Dann verabschieden sie sich. Es ist ihr letzter Urlaubstag, und wir lachen noch einmal, als wir draufkommen, dass wir den gleichen fotografischen Reiseführer im Auto liegen haben.

Meine Reise geht nun weiter. Ich möchte an den Eibsee. Der ist zwar auch in Bayern, aber Bayern ist groß, und der Eibsee liegt am Fuße der Zugspitze, also ein ganz schönes Stück vom Hintersee entfernt. Das bringt es mit sich, dass ich Deutschland noch einmal verlassen muss, denn der kürzeste Weg führt über Österreich – etwa 210 Kilometer sind es laut Navi bis zum Ziel, wo ich gegen 13:40 eintreffe. Auch Fotografen müssen mal etwas essen, und das tue ich gegen 13 Uhr dann auch, als ich wieder in Bayern bin, irgendwo in der Nähe des Geroldsees, der zwar auch schön wäre zu fotografieren – aber man kann nicht alles haben. Vielleicht ein anderes Mal?

Der Eibsee liegt in der Nähe von Garmisch und ist offensichtlich kein Geheimtipp mehr. Der Parkplatz ist ziemlich voll, ich stelle mir mit Grauen vor, wie es hier erst am Wochenende zugehen muss. Ich stelle das Auto ab, links geht es weg zur Zugspitzbahn – auch das wäre interessant, aber … soll ich meinen Plan schon am ersten Tag komplett umstoßen? Ich entscheide mich dagegen, packe meinen Fotorucksack und mache mich auf den Weg am Seeufer entlang.

Ehrlich gesagt bin ich ein wenig enttäuscht. Ein netter See, ja, aber kein Naturjuwel, wie der Fotoreiseführer schreibt. Ich finde dann aber doch noch zwei nette Flecken, wo es sich lohnt, die Kameras auszupacken – und bemerke mit Entsetzen, dass meine Hasselblad den Geist aufgegeben hat. Keinen Mucks macht sie! Und das am Anfang des Urlaubs, und noch dazu nicht die infrarote, sondern die „normale".

Glücklicherweise habe ich die Kleinbildkamera mitgenommen, allerdings ist die im anderen Fotorucksack, und der ist im Auto. Also mache ich hier nur ein paar Infrarotaufnahmen. Zuhause werde ich merken, dass sie in einer farblichen Ausarbeitung nicht einmal so schlecht aussehen.

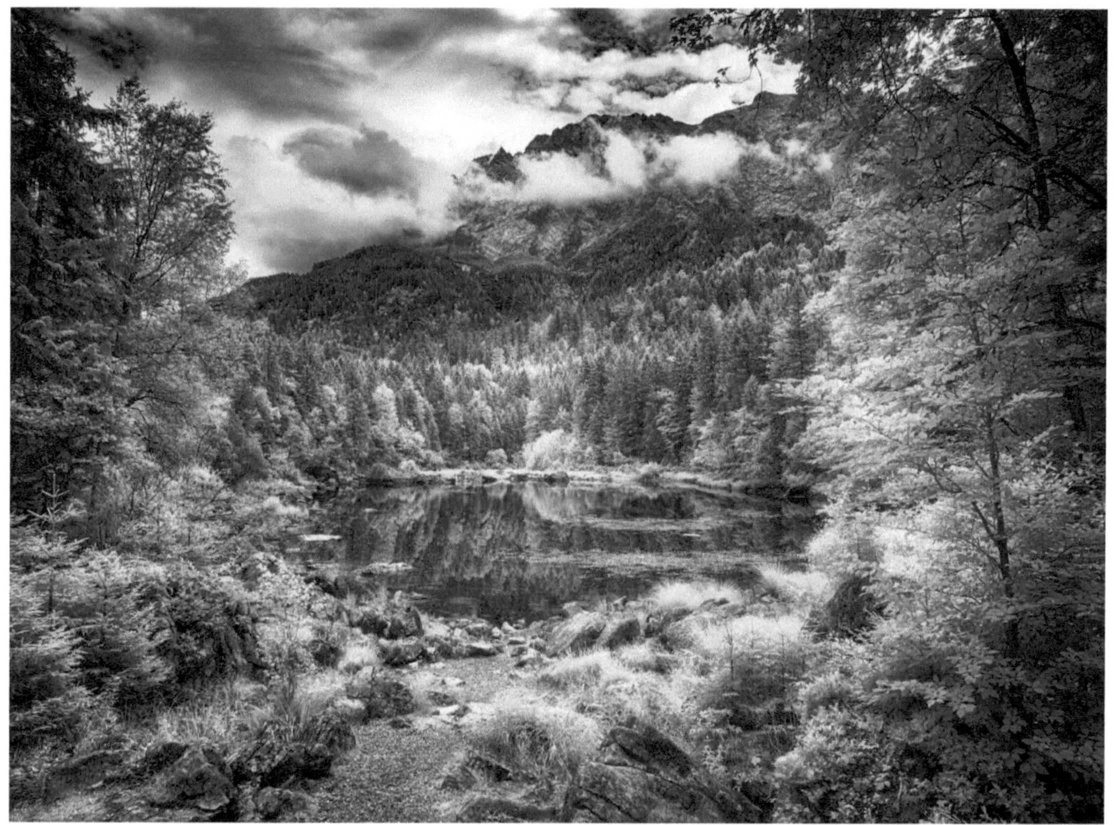

Eine kleine Lacke beim Eibsee / Bayern (Infrarotaufnahme)

Immer noch ein wenig missmutig wegen des Defekts der Kamera mache ich mich bald wieder auf den Weg. Am nächsten Tag will ich nach Neuschwanstein. Ich war schon einmal dort und weiß, dass man da ein früher Vogel sein muss, vor allem am Wochenende, also heißt es, nicht allzu weit davon entfernt zu nächtigen. Ich suche ein wenig im Internet und finde ein Quartier in Lermoos, das offenbar noch Zimmer frei hat. Jössas – das ist in Österreich, und eigentlich will ich ja einen Deutschlandurlaub machen. Ich beschließe, dass das eh so knapp über der Grenze ist, dass man darüber hinwegsehen kann, und mache mich auf den Weg. Gegen 16 Uhr treffe ich ein; es ist tatsächlich noch ein Zimmer frei. Mit begrünter Terrasse! Luxus pur um weniger als 80,- Euro. Direkt daneben ist noch ein Markt offen, also beschließe ich, nach dem üppigen Essen zu Mittag am Abend nur etwas Obst und eine Kleinigkeit kalt zu speisen.

Danach zerlege ich die Kamera in ihre Einzelteile und lasse alles trocknen. Das Problem, so ist mir klar geworden, ist der Regen am Hintersee gewesen. Vielleicht würde ja am nächsten Morgen nach dem Zusammenbau wieder alles funktionieren. Think pink!

Ich bin heute früh aufgestanden, dann fast 400 Kilometer gefahren und nun ein wenig müde. Dementsprechend bald schlafe ich ein, und ich schlafe sehr gut. Der erfahrene Urlauber hat sein eigenes Kissen mit. Das Bett ist nicht so wichtig für mich (dieses hier ist gut, weil nicht zu weich), aber das Kissen ist von Bedeutung, wenn der Nacken vom Fotografieren sowieso schon malträtiert ist. Deshalb bin ich dazu übergegangen, meines stets mitzunehmen. Einen kleinen Spleen darf jeder haben.

Von Lermoos nach Neuschwanstein

Sollte ich mir das wirklich antun? Vor Jahren war ich einmal in Neuschwanstein, und es war abstoßend. Nicht die Landschaft oder das Schloss, sondern der Massentourismus dort. Mir hat einmal jemand erklärt, dass es in China einen Reiseführer mit sogenannten Pflichtzielen in Europa gibt, und darin sei eben Neuschwanstein genauso angeführt wie Hallstatt und Salzburg. Was zur Folge hat, dass asiatische Reisegruppen durch diese Ziele getrieben werden wie die Stiere durch Pamplona. Möglichst 22 Städte in drei Tagen, wie es in einem bekannten Film heißt. Die Einheimischen sind diesbezüglich emotional zerrissen: Einerseits ist das natürlich eine fantastische Einkommensquelle, andererseits beeinträchtigt es das Leben der dort ansässigen Menschen sehr. Wer also nicht direkt vom Tourismus profitiert, geht dagegen demonstrieren. Wenn man solche Ziele besucht, ist man somit gut beraten, sich nicht zusätzlich auch noch wie der klassische Pauschaltourist aufzuführen.

Der Leitenbauer ist daher schon um neun Uhr vor Ort und bekommt als Auto Nummer 100 (Schätzwert) einen Platz am Parkplatz Nummer eins. Als ich das letzte Mal dort war, fuhr ich mit der Pferdekutsche hinauf zum Schloss, aber diesmal, das habe ich mir fest vorgenommen, werden die 150 Höhenmeter zu Fuß zurückgelegt. Nach dem gestrigen Regentag scheint heute die Sonne erbarmungslos, und Mitte des Weges bin ich schweißnass, als mich eine Pferdekutsche mit zehn Besucherinnen aus Asien mit leisem Summen überholt. Warum summt das Ding? Ein Schnauben, Ächzen und Rollgeräusche würde ich verstehen, aber dieses Surren ist eigenartig. Dann bemerke ich den unförmigen Kasten an der Hinterachse und muss laut auflachen. Die Kutsche fährt strombetrieben, die Pferde sind offenbar eher Staffage als Antrieb. Was mich freut, denn bei dieser Hitze wäre das Tierquälerei. Später lese ich im Internet, dass nach einem schweren Unfall 2012, bei dem acht Menschen verletzt und zwei Pferde getötet worden sind, ab 2019 die Kutschen mit einem intelligenten Elektroantrieb ausgerüstet wurden, der die Pferde unterstützt und im Notfall auch die Kutsche abbremst und damit die Batterie lädt. Neuschwanstein-KERS quasi.

Unterwegs mache ich auch das eine oder andere Bild des zweiten Schlosses, Hohenschwangau, bevor oben dann das im 19. Jahrhundert erbaute Märchenschloss geknipst wird. Und ja: Meine Kamera hat nach dem Trocknungsvorgang ihre Funktion wieder aufgenommen, als wäre nichts gewesen. Schwedische Markenqualität eben. Dann bin ich oben. Zuerst fotografiere ich das Schloss direkt von unterhalb. Ein schönes Motiv, vor allem für die Infrarotkamera, denke ich mir gerade, als mich zwei Amerikanerinnen bitten, von ihnen mit ihrem Handy ein Bild zu machen. Wer eine so große Kamera hat, muss ja schließlich besonders gut fotografieren können, nicht wahr? Ich denke, ich habe das hinbekommen, inklusive Schloss im Hintergrund und fröhlichen Touristinnen, die sich zweimal bedanken, was ich mit einem *„You are welcome!"* quittiere.

Neuschwanstein ist ja das Werk des später verrückt gewordenen Bayernkönigs Ludwig II., der sich hier 1869 sein ganz eigenes Märchenschloss bauen ließ, bevor er am 9. Juni 1886 entmündigt wurde (*„Der*

König ist unheilbar seelengestört"). Der König wehrte sich dagegen, ließ die Kommission einkerkern und veröffentliche eine Gegendarstellung, was ihm aber nur einen Tag Aufschub einbrachte. Am 11. Juni wurde er schließlich „in Gewahrsam genommen" und an den Starnberger See gebracht, wo er am 13. Juni unter mysteriösen Umständen ertrank. Seine Uhr blieb aufgrund des eindringenden Wassers um 18:45 stehen, die seines ebenfalls ertrunkenen Begleiters erst eineinhalb Stunden später. Die Gerüchte um einen Mord samt Beseitigung des Mörders rissen nie ab. Heutzutage vermutet man aufgrund der Unterlagen, dass Ludwig nicht paranoid und geistesschwach war, wie im Gutachten zu lesen ist, sondern an einer Sozialphobie und an einer „nicht substanzgebundenen Sucht" (seiner Bausucht) samt einem beginnenden Realitätsverlust litt. Wie auch immer – er hat uns mit Neuschwanstein ein Kleinod hinterlassen.

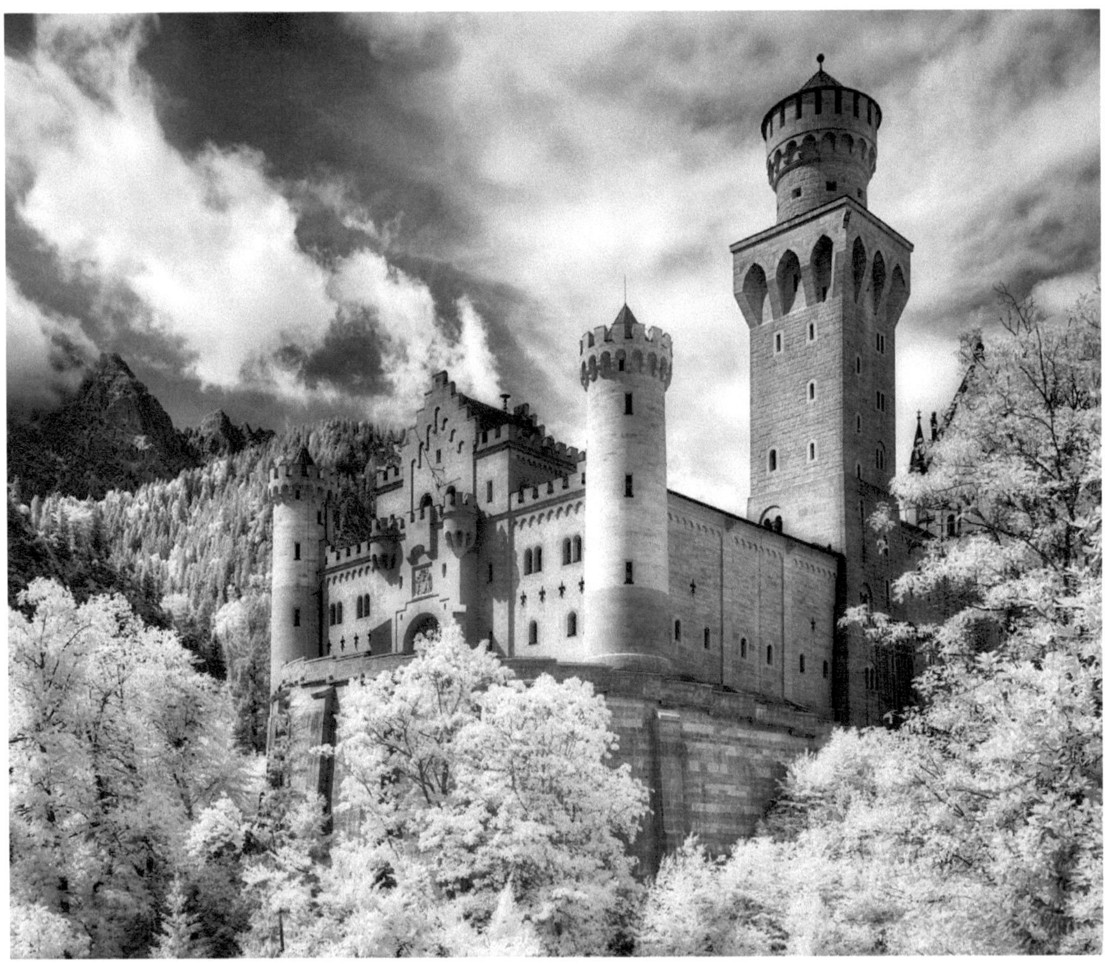

Schloss Neuschwanstein / Bayern (Infrarotaufnahme)

Dann geht es weiter zur Marienbrücke, die eine sehr gut gesicherte und kaum wackelige Hängebrücke über die Pöllatschlucht ist. Auf der anderen Seite der Brücke kann man in etwa 15 Minuten bergwärts einen Aussichtspunkt erreichen, von dem aus man die allseits bekannten Bilder von Neuschwanstein machen kann. Davor muss man aber zuerst einmal *zur* Brücke gelangen.

Dazu geht man vom Schloss etwa 20 Minuten in eine Senke hinunter und dann wieder hinauf – und steht üblicherweise irgendwann am Ende einer langen Schlange von Besuchern. Kurz vor 10 Uhr sind das an diesem Samstag glücklicherweise erst etwa 30 Leute. Es geht also flott. Zehn Minuten später bin ich auf der Brücke, mache einige Bilder, und gehe dann weiter zum Aussichtspunkt, von wo ich ebenfalls noch ein paar Bilder vom Schloss samt dem wundervollen Umfeld mache.

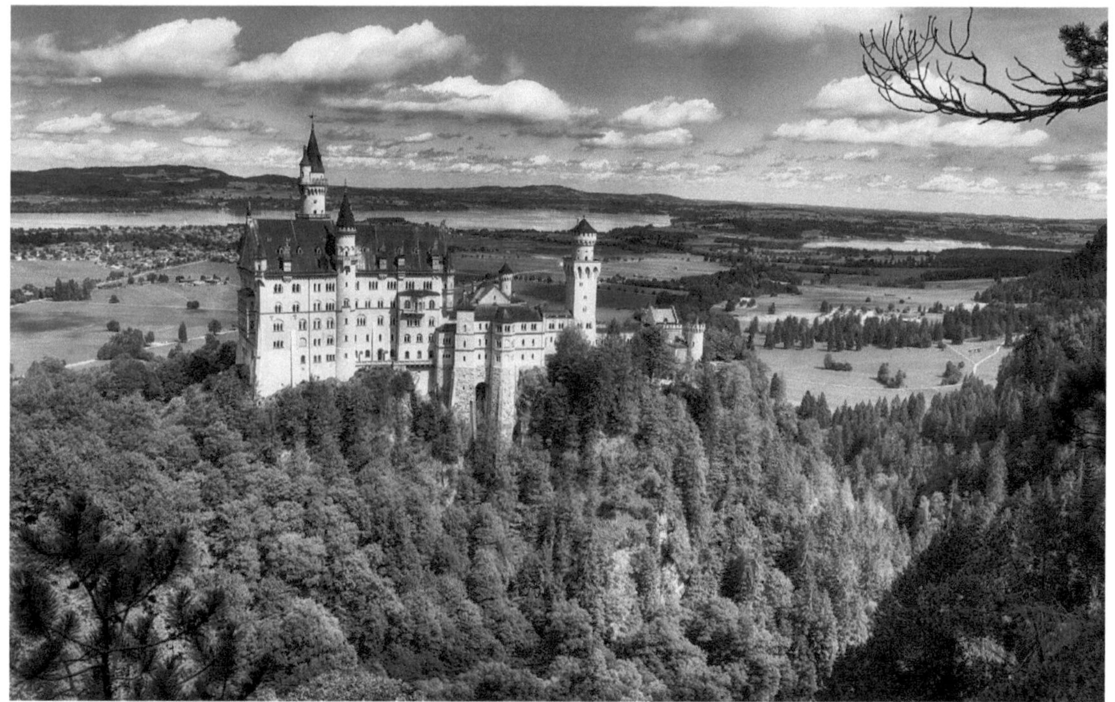

Schloss Neuschwanstein vom Aussichtspunkt aus aufgenommen

Beim Zurückgehen begegnen mir viele Menschen, die mit völlig ungeeignetem Schuhwerk diesen kurzen aber doch nach dem gestrigen Regen glitschigen Waldpfad in Angriff nehmen. Man kann sich nur wundern, dass hier nicht mehr passiert.

Nach dem Zurückgehen über die Brücke muss ich laut auflachen: Mittlerweile ist die Menschenschlange etwa 200 Meter lang. Glück gehabt, früher Vogel! Ich erreiche nach einigen Minuten bergab den Busumkehrplatz und beschließe, der Bequemlichkeit Raum zu geben und mit dem Shuttlebus ins Tal zu fahren. Gut investierte zwei Euro sind das bei dieser Hitze! Dann geht es zurück zum Parkplatz und nichts wie weg, denn jetzt ist es halb zwölf, und der alltägliche Wahnsinn ist voll im Gange.

Man kann als Veranstalter nämlich Parkplätze noch so gut organisieren – es findet sich immer wieder ein Tölpel, der sein Auto so abstellt, dass er eine Ausfahrt verstellt oder das Umkehren verhindert, was dann zwangsläufig zu einem Kuddelmuddel führen muss, wenn einer wie ich zu einer Zeit abfährt, wo andere erst ankommen. Aber irgendwie geht es dann doch, und nun führt die Reise weiter gen Norden nach Baden-Württemberg.

Von Neuschwanstein nach Lichtenstein

Eigentlich will ich noch die Lechfälle in Reutte fotografieren, aber zur Urlaubszeit an einem Samstag zu Mittag dort im Umkreis von einigen Kilometern einen Parkplatz zu bekommen, ist ein Ding der Unmöglichkeit. Also geht es direkt weiter in Richtung Baden-Württemberg. Normalerweise vermeide ich Autobahnen bei meinen Fotoreisen; heute mache ich eine Ausnahme – es ist doch eine ganz schön lange Strecke, die noch vor mir liegt.

Unterwegs komme ich drauf, dass man beim Reisen auch etwas essen muss, und fahre von der Autobahn ab. Leider weiß ich nicht mehr, wie der Ort geheißen hat, aber ich finde ein sehr nettes kleines Lokal mit ausgezeichneter lokaler Küche. Mit dem Wirt ergibt sich ein interessantes Gespräch: Anscheinend leidet man in Deutschlands Gastronomie an genau dem gleichen Mangel an Mitarbeiterinnen wie bei uns. Er bestätigt auch meine Einschätzung, dass es die gleichen Leute sind, die einerseits vollmundig verkünden, dass man eben „ordentliche Löhne zahlen soll", die sich dann aber andererseits über die gestiegenen Preise im Gasthaus beschweren. Wie auch immer – die Käsespätzle, die ja überall anders heißen (Kasnocken, Kasspatzen, Käsespätzle, etc.), aber immer nach einem ähnlichen Rezept zubereitet werden, schmecken hervorragend – und sind natürlich viel zu viel! Ich beeile mich also festzustellen, dass es ausgezeichnet geschmeckt habe, aber die Portion einfach zu groß gewesen sei.

Das bezahlt man beim Autofahren natürlich sofort mit einer veritablen Müdigkeit. Glücklicherweise ist mein Hörbuch gerade besonders spannend, sonst müsste ich wohl ein Nickerchen auf einem Autobahnparkplatz machen, komme so jedoch erschöpft aber wohlbehalten in Reutlingen an. Der größten Stadt außer Potsdam, die ich auf meiner Reise besuchen werde. Ein Hotel zu finden ist einfach – weil Samstag ist, wie mich der Portier aufklärt. In dieser Industriestadt sei es unter der Woche ungleich schwieriger. Glück gehabt!

Am nächsten Morgen geht es dann gleich nach dem Frühstück zum Schloss Lichtenstein im gleichnamigen Ort ganz in der Nähe von Reutlingen. Diese Burg (es ist mehr eine Burg als ein Schloss) hat eine interessante Geschichte, die bis 14. Jahrhundert zurückreicht. Im Dreißigjährigen Krieg wurde sie völlig zerstört, und der letzte aus dem Geschlecht der Lichtensteiner fiel im Krieg gegen die Türken, weshalb diese Adelslinie ausstarb. Auf den Trümmern der Burg wurde ein Forsthaus errichtet.

Und dann kam die Zeit der Romantik mit ihrer Verklärung des mittelalterlichen Burglebens. Der Schriftsteller Wilhelm Hauff gab 1826 einen Roman mit dem Titel „Lichtenstein" heraus. Darin geht es um den Herzog Ulrich, der 1519 aus Württemberg vertrieben wurde, und der, solchermaßen geächtet, Zuflucht auf der Burg Lichtenstein gesucht hatte.

Anscheinend hatte ein anderer Wilhelm, nämlich der Graf von Württemberg, diese Geschichte gelesen, denn er ließ dann um 1840 in romantischer Begeisterung das Forsthaus abreißen und eine mittelalterliche Burg nachbauen. Somit ist diese Burg eines der ersten – und gelungensten – Beispiele für den romantischen Historismus und die Neugotik. Oder plakativer formuliert: Eine richtig coole Ritterburg! Lego für Adelige des 19. Jahrhunderts.

Mir persönlich gefällt sie sogar besser als Neuschwanstein. Und vor allem bin ich, als ich um etwa neun Uhr morgens am Parkplatz meinen Wagen abstelle, das vierte Fahrzeug dort. Die anderen drei gehören dem Personal, vermute ich – lokale Nummernschilder. Kein Wunder – die Burg öffnet erst um zehn Uhr ihre Pforten, was mich aber nicht daran hindert, von außerhalb einige Bilder wie das auf der folgenden Seite zu machen.

Nach dem Trubel in Neuschwanstein ist das Erholung pur. Nach meiner Runde um die Burg ist dann auch die Kasse geöffnet, auch hier wieder auffallend die authentische Freundlichkeit und Höflichkeit des Personals. Man kann entweder eine Karte nur für den Burghof erwerben, oder eine Führung durch das Schloss machen. Ohne Führung kommt man in die Innenräume nicht hinein. Ich habe aber in meinem Leben schon so viele Burgen und Schlösser von innen gesehen, dass ich beschließe, mir die Hellebarden, Ritterrüstungen und Ahnengalerien dieses Mal zu schenken. Also mache ich lieber eine Runde durch den Burghof, der deutlich größer ist, als man das von anderen Burgen kennt.

Auch hier entstehen noch einmal einige Bilder. Und natürlich werde ich von den nun langsam eintrudelnden (wenigen) Besucherinnen und Besuchern das eine oder andere Mal gebeten, mit deren Mobiltelefonen ein Foto von ihnen zu machen. Das scheint ein wenig mein Schicksal zu sein. Ich habe dann extra nachgesehen, aber auf meinem T-Shirt steht nicht „Fragen Sie mich ruhig, ob ich Sie knipsen kann!", sondern es ist da vielmehr eine Art Rockersujet abgebildet, und darauf steht: „Sons of Arthrose – Ibuprofen Chapter". Es scheint aber irgendwie die abschreckende Wirkung zu verfehlen, eigentlich sollte ich es zurückschicken.

Sehr zufrieden geht es dann noch ins Burgcafé auf einen Espresso, bevor ich mich dann wieder auf den Weg mache. Schließlich ist gar nicht so weit entfernt die Stammburg derer von Hohenzollern, und da will ich heute auch noch hin.

Übrigens wurde das Schloss Lichtenstein tatsächlich zweimal nachgebaut. Einmal in Lietzow auf Rügen und einmal im südafrikanischen Hout Bay nahe Kapstadt.

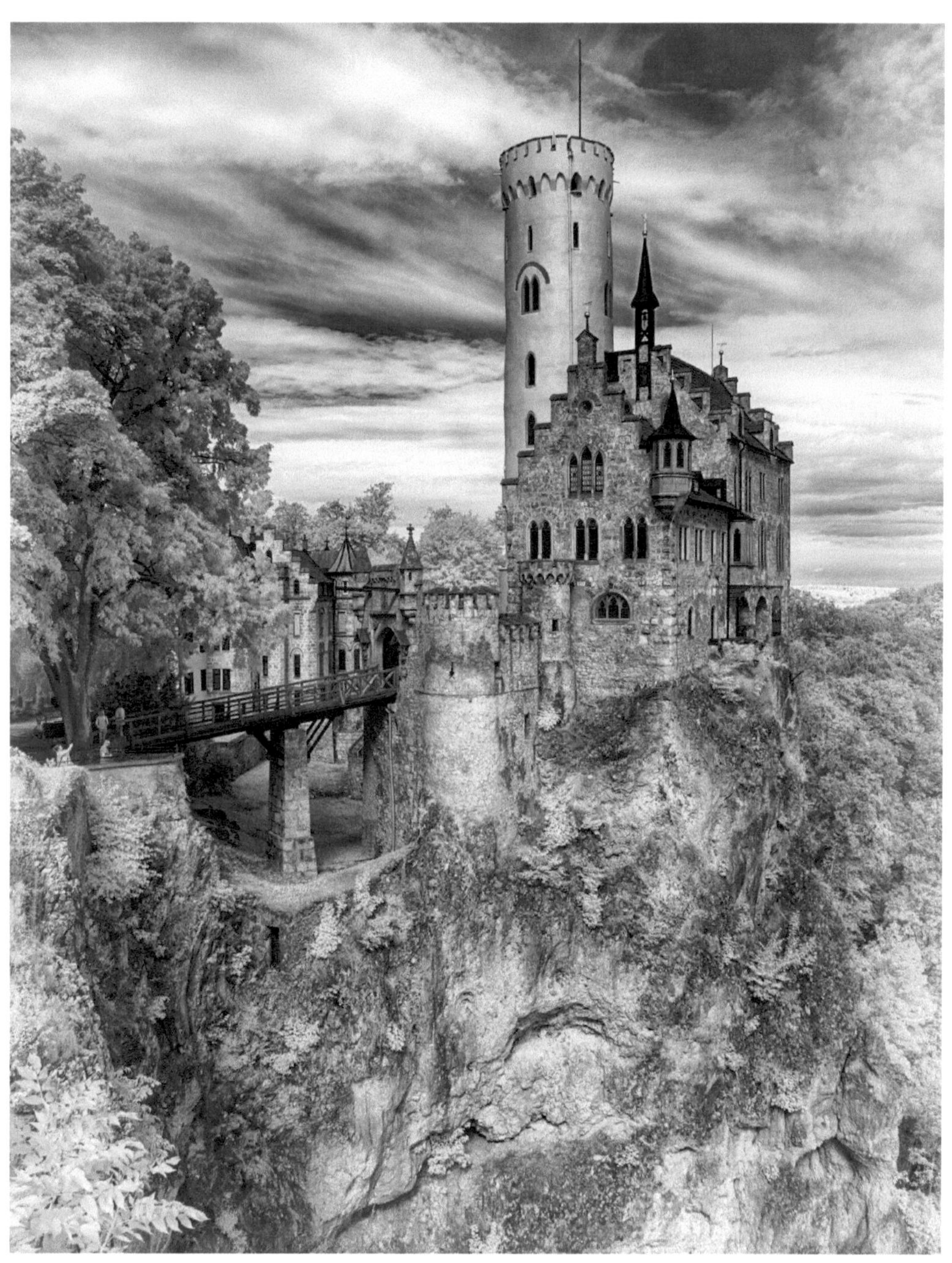

Schloss Lichtenstein (Infrarotaufnahme)

Von Lichtenstein nach Mespelbrunn

Ich will heute noch nach Mespelbrunn im Spessart, das ist der nördlichste Zipfel von Bayern. Bevor ich auf die Karte gesehen habe, war mir nicht bewusst, wie weit nach Norden sich Bayern tatsächlich erstreckt. Fast auf der Strecke dorthin liegt in Baden-Württemberg das Stammschloss der Fürstenfamilie der Hohenzollern, einem der ältesten und geschichtsträchtigsten deutschen Adelshäuser, aus dem bekanntlich auch die späteren preußischen Könige hervorgingen.

Die Burg Hohenzollern ist eine so genannte Gipfelburg, sie liegt auf einem Zeugenberg, also einer einzelnen Erhebung in einer ansonsten eher flachen Landschaft, und ist der schwäbischen Alb vorgelagert.

Ich weiß nicht, warum der Weg dahin so schlecht beschildert ist. Offensichtlich soll man sie nicht besuchen. Zum Fotografieren ist sie aber sowieso besser aus der Entfernung, und genau das mache ich dann auch. Es war also doch gut, auch das Teleobjektiv mitzunehmen.

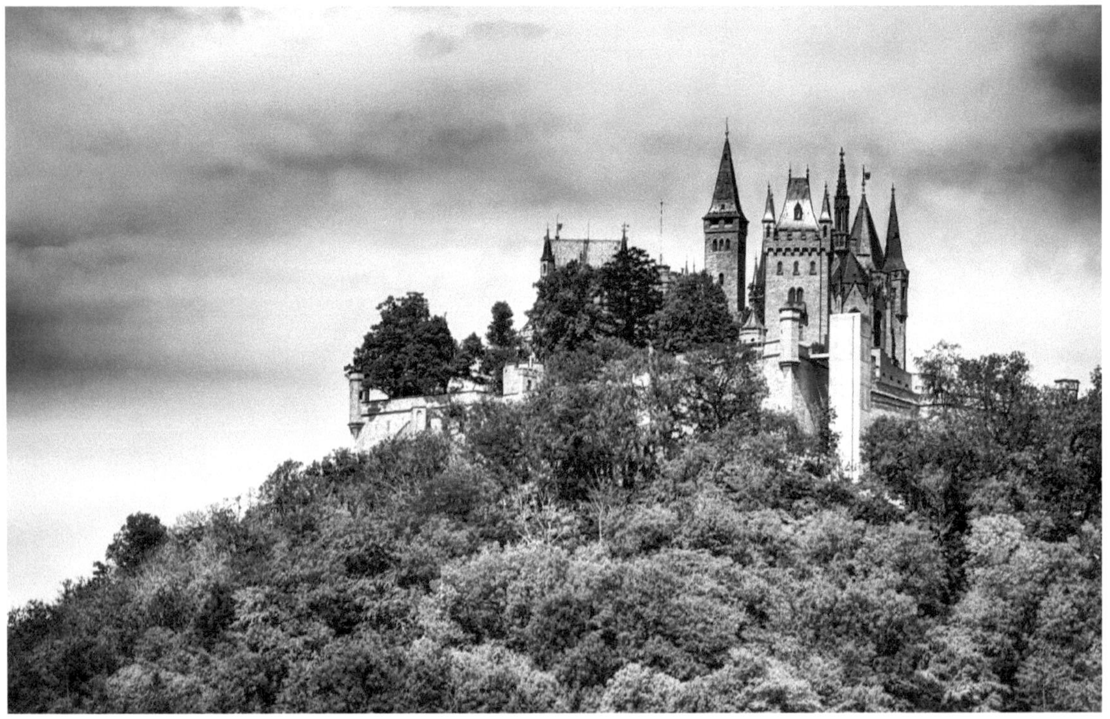

Burg Hohenzollern

Und dann bekomme ich wieder Hunger, aber es ist Sonntag, und die meisten Gasthäuser in Schwaben scheinen geschlossen zu haben. Glücklicherweise aber nicht alle, und so speise ich dann doch noch und mache mich auf die Weiterreise nach Mespelbrunn.

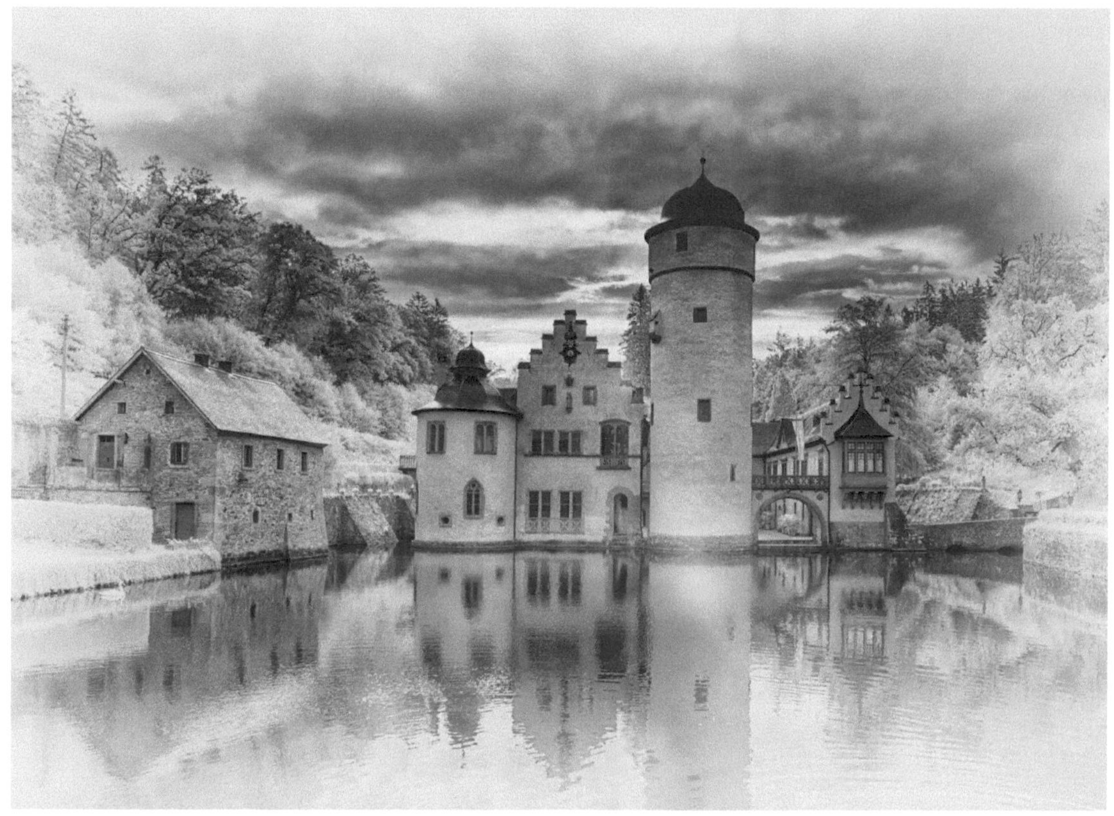

Wasserschloss Mespelbrunn im Spessart (Infrarotaufnahme)

Kennen Sie den Film „Das Spukschloss im Spessart" (1960) mit Liselotte Pulver? Es ist die Fortsetzung des Films „Das Wirtshaus im Spessart" von 1958, in dem ebenfalls die beliebte Schweizer Schauspielerin die Hauptrolle der Franziska Comtesse von und zu Sandau spielt. Während das Schloss in der Fortsetzung in Niedersachsen[3] steht (obwohl die Handlung im Spessart spielt), ist das Wirtshaus im ersten Film ein Nebengebäude des Schlosses Mespelbrunn im bayerischen Spessart. Und jetzt raten Sie, wer der Schriftstel-

---

[3] Schloss Oelber bei Wolfenbüttel

ler war, auf dessen Werk der Film basiert? Genau! Jener Wilhelm Hauff, der uns schon beim Schloss Lichtenstein begegnet ist. In Kürze: Es handelt sich um eine gut endende Räuber- und Liebesgeschichte, die anfangs des 19. Jahrhunderts, während der napoleonischen Kriege, im Spessart spielt. Natürlich ist der Räuberhauptmann in Wirklichkeit ein (unschuldig verarmter) italienischer Graf und somit heiratsfähig. Ende gut, alles gut.

Zwar hat mich das Nebengebäude weniger interessiert, aber nachdem ich im Internet Bilder des Schlosses gesehen habe, will ich da unbedingt hin. Leider komme ich erst gegen 17 Uhr dort an, also genau zu der Zeit, wenn die Pforten für Besucher geschlossen werden. Macht aber nichts, ich sehe kurz einmal im Internet nach, ob es in der Umgebung ein freies Zimmer gibt und werde im nur zwei Kilometer entfernten Nachbarort Heimbuchenthal fündig. Ich habe wieder einmal Glück gehabt mit der Unterkunft, und auch die Forelle zum Abendessen ist exquisit, sodass ich am nächsten Morgen nach einem ebenfalls guten Frühstück bestens gelaunt zum Schloss aufbrechen kann.

Wasserschloss Mespelbrunn im Spessart (Infrarotaufnahme)

Natürlich bin ich wieder einmal der erste Besucher. Im Internet steht, dass um neun Uhr geöffnet wird, und etwa um die Zeit kommt auch eine Mitarbeiterin, die mich freundlich aufklärt, dass die Öffnungszeiten geändert worden sind. Es wird erst um 9:30 Uhr geöffnet, und ein Besuch sei an eine Führung gebunden, weil das Schloss ja noch bewohnt sei. Ich erkläre ihr, dass ich eigentlich nur im Schlosshof fotografieren wolle und von einer Besichtigung der Innenräume, obwohl sicher sehr interessant, absehen wolle, aber natürlich würde ich gerne die 6,50- für die Führung bezahlen.

Daraufhin öffnet sie mir entgegenkommenderweise das Tor. Ich habe den Schlosshof für mich alleine, was beim Knipsen kein Nachteil ist. Bezahlen solle ich nachher, die Kasse sei noch nicht besetzt. Die Schilder „Betreten nur mit einer Führung" dürfe ich gerne ignorieren, solange sie den Außenbereich beträfen. Der Schlosshof ist nicht sehr groß, Licht und Wolken sind perfekt, und so bin ich mit dem Fotografieren ziemlich durch, als die ersten Besucherinnen auftauchen. Ich suche mir die freundliche Mitarbeiterin, bezahle meinen Eintritt und gehe zurück zum Auto. Dort lese ich ein wenig über die Geschichte des Schlosses nach.

Es ist seit dem 15. Jahrhundert durchgehend in Familienbesitz und, wie erwähnt, auch heute noch bewohnt. Die Adelsfamilie heißt „Echter von Mespelbrunn". Die eine Hälfte des Innenbereichs, der Nordflügel, kann besichtigt werden, der Südflügel ist privat. Dort wohnt die Erbin, Marie Antoinette Gräfin von Ingelheim genannt Echterin von und zu Mespelbrunn. Das Schloss überstand aufgrund seiner versteckten Lage alle Kriegswirren unbeschadet, und ist auch deshalb in einem hervorragenden Zustand.

Für alle Briefmarkeninteressierten: Wer noch die alte Dauermarkenserie „Burgen und Schlösser" (1977 – 1982) der Deutschen Post kennt, möchte sich eventuell einmal die 70pf Marke ansehen. Da ist das Schloss Mespelbrunn abgebildet, während die 35pf Marke Schloss Lichtenstein zeigt und auf der 50pf Marke Neuschwanstein zu sehen ist. Auch das Motiv der 40pf Marke sollte ich im Rahmen dieser Reise noch besuchen, siehe im nächsten Kapitel.

Von Mespelbrunn bis an die Mosel

Das war's jetzt aber wirklich mit Bayern, und schön war es! Es geht weiter nach Norden. Ich möchte heute noch bis zur Burg Eltz (ja, die 40pf Burg) an der Mosel kommen, also nach Rheinland-Pfalz. Eine etwas längere Etappe, aber bei elf bis zwölf veranschlagten Tagen für die Rundreise sind längere Zwischenstücke in einem so großen Land nun einmal unvermeidlich.

In Eppstein in Hessen mache ich einen kurzen Zwischenstopp und esse etwas. Auch da gibt es eine Burg, die aber an Montagen geschlossen ist. Nach den Märchenschlössern Neuschwanstein, Lichtenstein und Mespelbrunn ist diese Burgruine etwas ganz anderes. Ich mache ein paar Bilder, die mich aber allesamt nicht überzeugen. Dann geht es weiter durch die Vulkaneifel zur Burg Eltz. Das Wetter trübt sich etwas ein, bis es leicht zu Nieseln beginnt, was dieser an sich schon einzigartigen Landschaft ein ganz eigenes Flair verleiht. Fasziniert betrachte ich die Häuser, die teils aus vulkanischem Gestein bestehen, das nicht verputzt wurde und sie aus der Ferne aussehen lässt, als hätten sie schwarze Sommersprossen.

Die Ursache des Vulkanismus dort ist übrigens noch immer nicht ganz erforscht, aber es gibt einige Theorien, wovon die Plume-Theorie vielleicht die bekannteste ist. Demzufolge gibt es im Erdmantel (also im flüssigen Material unter der Erdkruste) eine seismische Anomalie, eben die Plume, eine schlauchartig aufsteigende Konvektionszone. Der letzte größere Ausbruch war zwar in der Eifel schon vor etwa 11.000 Jahren, das ist aber erdgeologisch gesehen ein sehr kurzer Zeitraum, zumal es auch heute noch Anzeichen von Aktivität gibt, zum Beispiel Gasaustritte, Mineralquellen und sogar einige Kaltwassergeysire. Auch wenn es unwahrscheinlich ist, kann man also eine größere Eruption nicht ganz ausschließen, was 2009 im zweiteiligen Film „Vulkan" (mit dem bekannten Schauspieler Heiner Lauterbach) thematisiert worden ist.

Das alles ficht mich jetzt aber nicht an, und kurz vor zwei Uhr am Nachmittag erreiche ich den gut gefüllten Besucherparkplatz der Burg Eltz. Von dort geht es über einen etwa zwanzigminütigen Spaziergang zur Burg, deren Lage ziemlich einzigartig ist.

Auch diese Burg ist eine Höhenburg (wie zum Beispiel Hohenzollern), aber sie liegt nur etwa 130 Meter über dem Meeresspiegel an einem Nebenfluss der Mosel, eben der Eltz. Man hat früher Ansiedlungen ja immer an Flüssen gebaut, aus naheliegenden Gründen (Wasserversorgung). Auch diese Burg ist seit ihrer Errichtung, also seit 800 Jahren, in Familienbesitz – und wurde übrigens nie gewaltsam eingenommen. Heutzutage ist sie eine der bekanntesten Burgen Deutschlands und ein sehr beliebtes Ausflugsziel.

Vom Parkplatz würde zwar auch ein Shuttlebus zur Burg führen, aber der Fußweg durch den Wald ist einerseits natürlich viel schöner und andererseits geht er die meiste Zeit bergab. Ideal für müde Fotografenbeine, die allerdings schon am Weg leise den Wunsch anmelden, den Rückweg doch bitte sitzend in einem Bus anzudenken, ja?

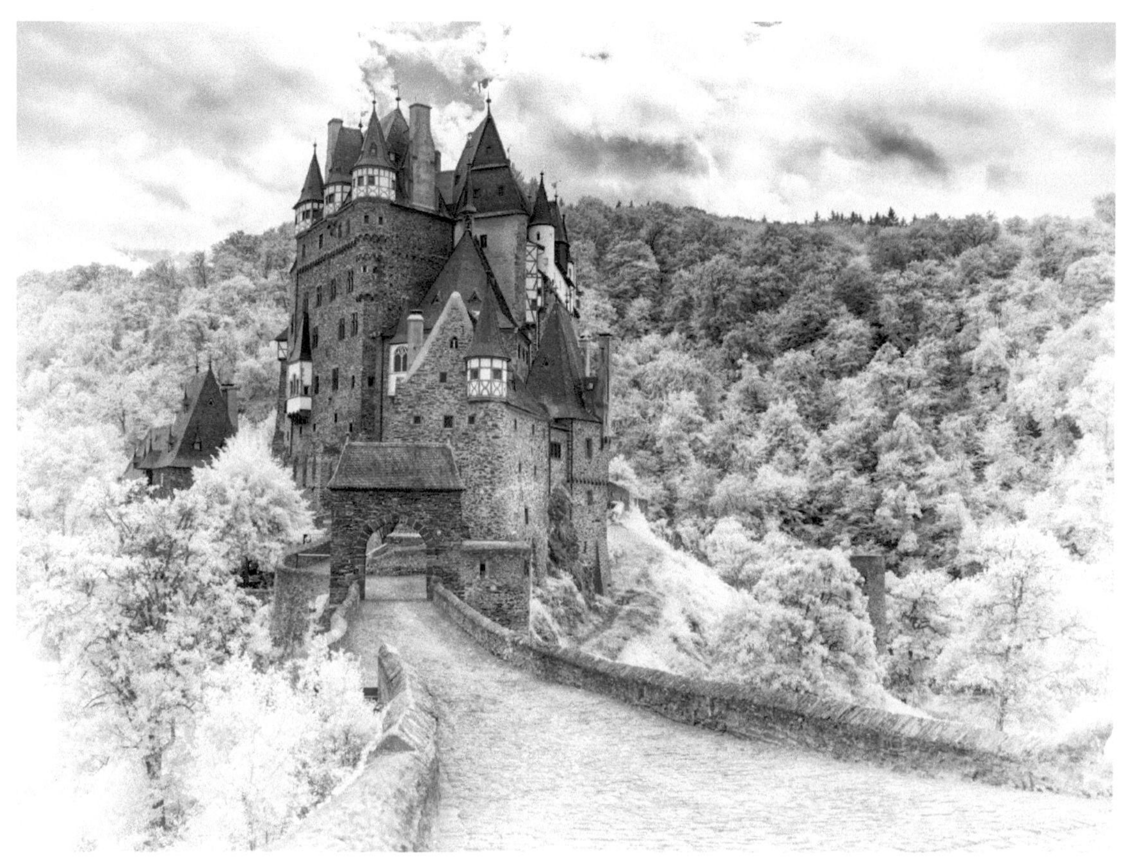

Burg Eltz in Wierschem nahe der Mosel (Infrarotaufnahme)

Die Burg wird nach der letzten Biegung sichtbar, worauf sofort die Kameras ausgepackt werden. Natürlich komme ich erst zum Fotografieren, nachdem ich das unvermeidliche Ansinnen eines – diesmal wieder amerikanischen – Paares nach einem Handyfoto erfüllt habe. Die letzten 200 Meter bis zur Burg fotografiere ich das Anwesen alle paar Meter aus verschiedenen Perspektiven. Im Bild oben ist sie aus einer weniger von Fotos bekannten Stelle mit der Infrarotkamera aufgenommen worden. Man lasse sich nicht täuschen – es waren viele, viele Menschen im Bild. Allerdings haben sie es mit einem Fotografen zu tun bekommen, der sie mit Photoshop zur Not wegbeamen kann wie Scotty aus Star Trek, ein Schicksal, das sich in diesem Bild etwa 30 Personen teilten. Schließlich will ich die Burg fotografieren, nicht an Touristen montierte Flipflops und Selfiesticks. Phaser auf Löschen, Captain!

Nun ist es später Nachmittag, der Regen hat sich während des Fußmarsches zur Burg auch verzogen, und als ich mit dem Bildermachen fertig bin, lacht sogar die Sonne durch die Wolken, was mich dazu nötigt, dem eingangs zitierten Ansinnen meiner müden Beine nachzugeben, und mit dem Shuttlebus zum Parkplatz zurückzufahren. Dort merke ich, dass ich einmal mehr vergessen habe, ausreichend zu trinken. Das passiert mir immer wieder, wenn ich fotografieren bin, und hier in Deutschland wechselt noch dazu das Wetter schneller als in Österreich die Kanzler. Glücklicherweise habe ich eine gut gefüllte Kühlbox im Auto, nur kühl ist da nach drei Tagen nichts mehr.

Es wird Zeit, ein Zimmer für die Nacht zu suchen. Auf dem Handy wirft es mir eine Pension in Müden an der Mosel aus, gerade einmal ein paar hundert Meter Luftlinie entfernt – mit dem Auto dann aber doch etwa 15 Kilometer durchs Hochland und dann über Serpentinen hinunter zur Mosel – landschaftlich ein Genuss, im letzten Teil mit wundervollem Blick hinunter auf die Mosel.

An der Mosel

Müden also. Ja, ich auch. Müde nämlich. Wie meistens habe ich mich nicht vorangemeldet, weil ich so immer noch die Möglichkeit habe, mir ein anderes Quartier zu suchen, falls mir eines nicht gefallen sollte. Diese Pension gefällt mir aber sofort. Der Wirt ist ein echter Kölner, und die sind ein wenig wie die Wiener, nur eben mit einem anderen Dialekt. Köln ist ja von hier nicht so weit entfernt, etwas über 100 Kilometer, schätze ich.

„Einzelzimmer haben wir keines", meint er auf meine Frage, aber Einzelnutzung eines Doppelzimmers sei möglich. Das wäre halt etwas teurer. Da das überall so ist, rechne ich damit ja sowieso und teile ihm also mit, dass das schon passe. *„Ich zeige Ihnen das Zimmer"*, sagt er, und *„Ich muss sowieso das zweite Bettzeug wegräumen, sonst kriege ich einen Rüffel von meiner Frau!"* Irgendwie ist das auch überall das gleiche, nicht wahr?

Ab wann es Abendessen gäbe, frage ich, weil ich gesehen habe, dass die Pension zugleich auch ein Gasthaus ist. *„Ab sechs"*, meint er, und ich entscheide mich, die Zeit bis dahin zu einer kleinen Wanderung in die Weinberge zu nutzen. Er gibt mir ein paar Tipps dazu, ich schnappe mir meinen Fotorucksack und gehe los. Die Weinberge an der Mosel zeichnen sich dadurch aus, dass sie ziemlich steil ansteigend sind, und mittlerweile hat die Sonne die letzten Wolken vertrieben – ich schwitze dementsprechend, als ich nach einer guten halben Stunde mitten in den Weinbergen stehenbleibe, um ein Foto zu machen. Ein paar Meter vor mir rastet ein älterer Weinbauer, und wir kommen ins Gespräch. Ich sage zu ihm, dass das hier ganz ähnlich aussehe wie die Wachau in Niederösterreich. Da war er leider noch nie, sagt er. Sein Sohn kommt mit dem Traktor und stellt sich zu uns. Ich erfahre das eine oder andere über den Weinbau an der Mosel, und dass man mittlerweile bezüglich der angebauten Sorten langsam auf trockenheitsresistentere umsteigen werde. Der Klimawandel schreckt auch vor der Mosel nicht zurück. Ich frage noch nach dem Namen, weil ich seine Weine dann ja auch kosten möchte – und tatsächlich hat der Wirt diese im Angebot, wie ich beim Abendessen erfahre.

Ich setze mich kurz vor 18 Uhr zum Tisch, denn ich habe tatsächlich einen Mordshunger. Die Speisekarte ist vielfältig, und ich entscheide mich für das Schnitzel nach Art des Hauses, ersuche den Wirt aber, das Spiegelei wegzulassen. Eine gute Entscheidung, denn ich schaffe die Portion auch so kaum. Das Schweinsschnitzel Wiener Art – auf der Karte steht nicht etwa „Wiener Schnitzel"; der Wirt weiß, dass ein solches vom Kalb sein müsste – mit karamellisierten Zwiebeln, Salat und Kartoffeln schmeckt ausgezeichnet, was ich dem Wirt, der zugleich der Koch ist, auch mitteile. Er hat einen gesunden Schmäh und meint, es würde ihn freuen, wenn ein Schnitzel von einem Kölner vor eines Österreichers Augen Gnade finden würde, auch wenn es nicht in Butterschmalz herausgebacken worden sei. Ich weiß nicht, ob er das ganz ernst gemeint hat. Kochen kann der Mann jedenfalls.

Nun wär's aber Zeit für ein Achterl Wein, sage ich ihm, was er mir da empfehlen könne? *„Ich bin aus Köln, mich kannst du nach Bier fragen, aber nicht nach Wein!"*, erklärt er mir, und ich muss mich ein wenig beherrschen, um ihm nicht zu kontern, dass das, was die in Köln als Bier bezeichnen, bei uns … nun, das möchte ich hier nicht schreiben. Grundsätzlich empfindet man in Österreich ja schon eine Gebindegröße von 0,2 Liter für Bier als äußerst suspekt.

Wir einigen uns auf einen Kompromiss: Ich koste mich einfach durch seine drei offenen Weine, die tatsächlich vom Weinbauern stammen, den ich vorhin getroffen habe. Ich beginne mit dem Riesling und ende beim Dornfelder, einer roten Traubensorte. Drei Achterl kann man schon vertreten, denke ich, aber die Gläser schauen hier irgendwie voller aus. Kein Wunder: An der Mosel schenken sie nicht 0,125 Liter in ein Glas, sondern 0,2 Liter, was bei mir zu einem ganz dezenten Herrenspitzerl führt, obwohl Moselweine generell leichtere Weine sind als unsere österreichischen Tröpferl. Gut sind sie aber auf jeden Fall.

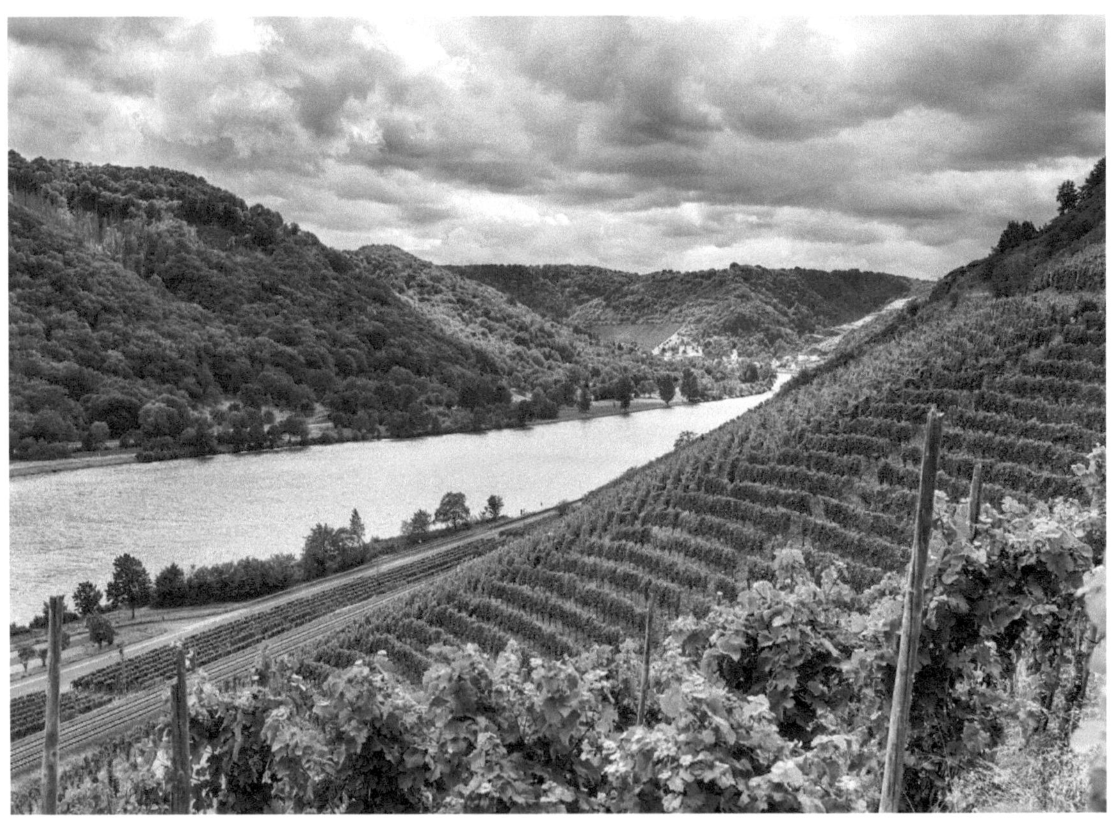

Die Mosel bei Müden

Der langen Rede kurzer Sinn: Ich habe hervorragend geschlafen, und als ich am nächsten Tag aufstehe, regnet es. So richtiges Regenwetter, nicht nur ein kurzer Schauer. Ich gehe zum Wirt und ersuche ihn um die Rechnung. Bei dieser Gelegenheit frage ich ihn, ob es hier in der Nähe interessante Motive zum Fotografieren gäbe. Er empfiehlt mir die Burg Cochem und den Ort Beilstein. Burgen habe ich schon viele abgelichtet, also entscheide ich mich für das „Dornröschen der Mosel", das Dorf Beilstein.

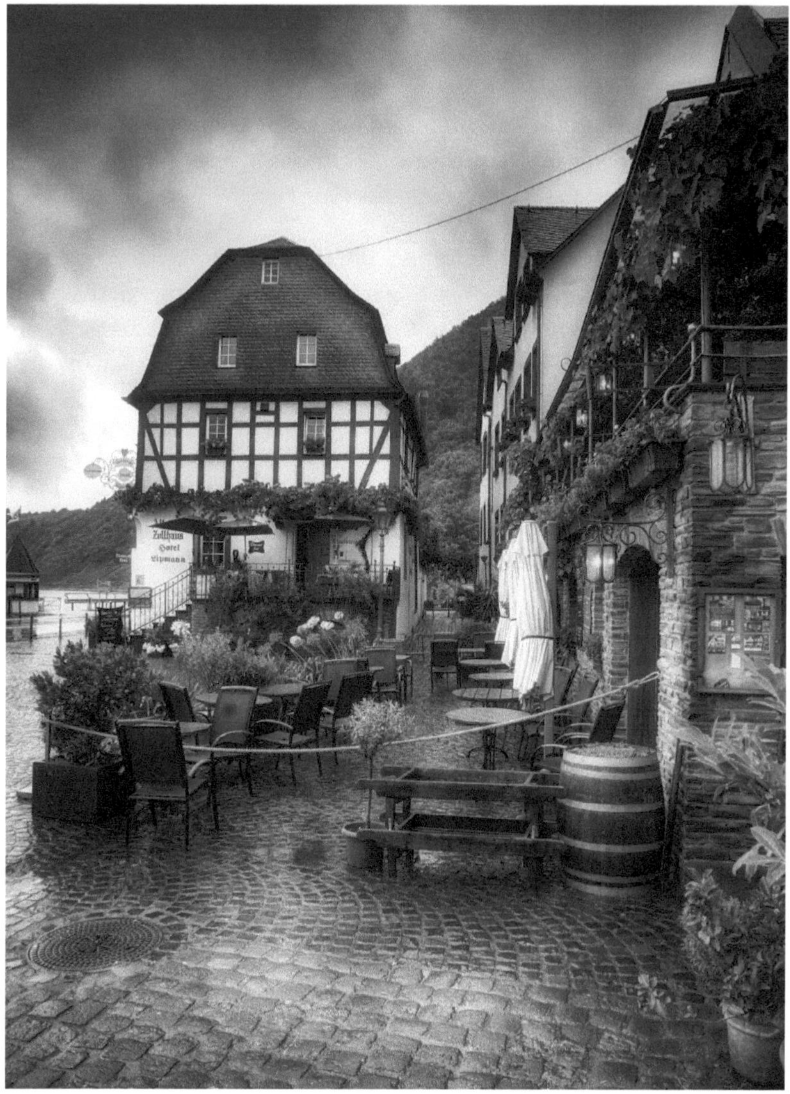

Beilstein an der Mosel im Regen

Warum „Dornröschen"? Ganz einfach – dieser Ort schlummert für die Hälfte des Jahres. Im Winterhalbjahr sind Geschäfte und Gaststätten geschlossen. Im Frühjahr geht's dann los: Tourismus satt! Und das mit Recht. Dieser Ort am rechten Moselufer mit seiner Burgruine Metternich hat eine lange und bewegte Geschichte. Vermutlich gab es dort schon zur Römerzeit eine Siedlung, aber fränkische Gräberfunde zeigen, dass seit spätestens ab 800 n. Chr. hier Menschen lebten. Der Ort war im Dreißigjährigen Krieg für 14 Jahre spanisch, gehörte in der Zeit Napoleons zu Frankreich, und wurde beim Wiener Kongress dann wieder Preußen zugeschlagen. Von den Spaniern stammt auch eine Hinterlassenschaft, die ihn bis heute zur Pilgerstätte macht: die „Wunderbare Schwarze Madonna" in der barocken Klosterkirche St. Josef.

Die modernen Pilger sind allerdings die Touristen, und das in den Sommermonaten in Massen. Gilt doch der Ort als einer der schönsten in ganz Deutschland – er ist aus meiner Sicht auch wirklich sehr ansehnlich. Vielleicht war er auch deswegen schon öfter Drehort von Filmen.

Als ich ihn erreiche, ist er jedoch wie ausgestorben. Die Lokale haben noch geschlossen. Erstens ist es noch relativ früh am Morgen, und zweitens hat es ein richtiges Sauwetter, weshalb die Hasselblad vorsichtshalber im Auto bleiben muss; die gute, alte Canon springt ein. Ich mache ein paar Bilder, während ich durch den kleinen Ort wandere. Eines davon wird es auf den Kalender schaffen. Die Fachwerkhäuser sind einfach zu niedlich! Noch einmal drehe ich mich um und lasse den Anblick auf mich wirken, dann geht es weiter nach Norden, in Richtung Hessen.

Auf dem Weg nach Kassel

Im Alter von etwa 15 Jahren war ich ein großer Fußballfan. An Samstagen saß ich gebannt vor dem Radiogerät und verfolgte die Liveeinstiege in die Spiele der österreichischen Bundesliga. Damals wurde noch kaum je ein Spiel im TV übertragen. Am Abend um 18 Uhr saß ich dann vor dem TV Gerät und freute mich auf die Spielberichte von drei Spielen aus der deutschen Bundesliga – es waren immer nur drei Spiele, von den restlichen wurden bestenfalls kurz die Tore gezeigt. Am späten Abend wartete ich dann schon auf das „aktuelle Sportstudio" im ZDF, und am Dienstag holte ich mir den „Kicker". Damals spielte „Hessen Kassel" in der 2. Bundesliga und verpasste mehrmals nur knapp den Aufstieg. Und das ist dann auch schon fast alles, was ich von Hessen und Kassel weiß, als ich mich auf den Weg dorthin mache. Vor allem habe ich keine Ahnung, wie schön es auf der Wilhelmshöhe ist, aber ich will nicht vorgreifen. Noch sind es einige Kilometer.

Zuerst geht es auf Nebenstraßen wieder durch die Eifel, und ich nehme mir fest vor, hier einmal länger Urlaub zu machen. Dann fahre ich auf die Autobahn. Irgendwo unterwegs, in der Nähe von Limburg, sehe ich eines dieser Hinweisschilder mit einer Burg und der Beschriftung „Runkel". Da ich mittlerweile hungrig bin, fahre ich kurz entschlossen ab. Ich bereue es keine Sekunde, als ich die Stadt erreiche. Eines der Bilder, das ich dort machen werde, wird das Februarbild des Kalenders werden, aber das weiß ich zu diesem Zeitpunkt noch nicht.

Vorher muss das Hungergefühl eliminiert werden, was ich in einer Fleischhauerei mit angeschlossenem Bistro erledige. Bei uns heißt das, was ich dort esse: „Ein Semmerl mit einem Fleischlaberl", in den USA nennen sie es wohl „Hamburger", und hier „Frikadellenbrötchen". Schmecken tut es überall ähnlich (gut). Nach dieser Stärkung gehe ich zu Fuß in Richtung Fluss. Ich habe nämlich zwischenzeitlich im Internet nachgeschlagen, wo man hier am besten fotografieren kann. Und ich habe mich auch ein wenig schlau gemacht über die Stadt, die seit der Merowingerzeit existiert. Philipp Melanchthon, ein ehemaliger Ordensbruder von Martin Luther, der mit diesem die Reformation einführte, hatte 1543 hier Zuflucht gesucht, ehe in der Stadt dann 1568 die Reformation eingeführt wurde. Was ja im Zuge des Augsburger Religionsfriedens von 1555 nun jeder Landesherr für seinen Bereich ohne weitere Konsequenzen tun durfte. Cuius regio, eius religio[4]! Im Gegenzug bekamen die Menschen mit dem „Ius emigrandi" das Recht, ihren Wohnort frei zu wählen – ein für die damalige Zeit revolutionärer Zugang, der allerdings erst mit dem Westfälischen Frieden 1648 auch auf Leibeigene ausgedehnt wurde.

Als ich die alte Steinbrücke über die Lahn, dieses Bauwerk stammt aus dem 15. Jahrhundert, überquert habe und den Fotospot erreiche, bin ich, wie man in der Fotografensprache sagt, ziemlich geflasht. Es ist

---

[4] „Wessen Gebiet, dessen Religion", im damaligen Sprachgebrauch auch oft „Wes der Fürst, des der Glaub'!"

wirklich wunderschön hier! Ich mache einige Bilder mit der Infrarotkamera und noch mehr mit der konventionellen. Dann gehe ich ein Stück und wiederhole das Prozedere, bevor ich mich wieder auf den Weg zurück zum Auto mache. Der Abstecher hat sich gelohnt, das weiß ich jetzt schon, ohne die entstandenen Bilder genauer betrachtet zu haben.

Das ist überhaupt eine der schönen Sachen an diesem Hobby: Die Vorfreude auf das Sichten und Bearbeiten der Bilder. Man vermutet vielleicht, dass man ganz gute Fotos gemacht hat, aber wissen tut man es immer erst, wenn man sie am Rechner sieht. Sind sie scharf? Gibt es störende Reflexe? Passt die Schärfentiefe? Es gibt viele Möglichkeiten, Bilder zu verhauen, und ich habe schon alle ausprobiert!

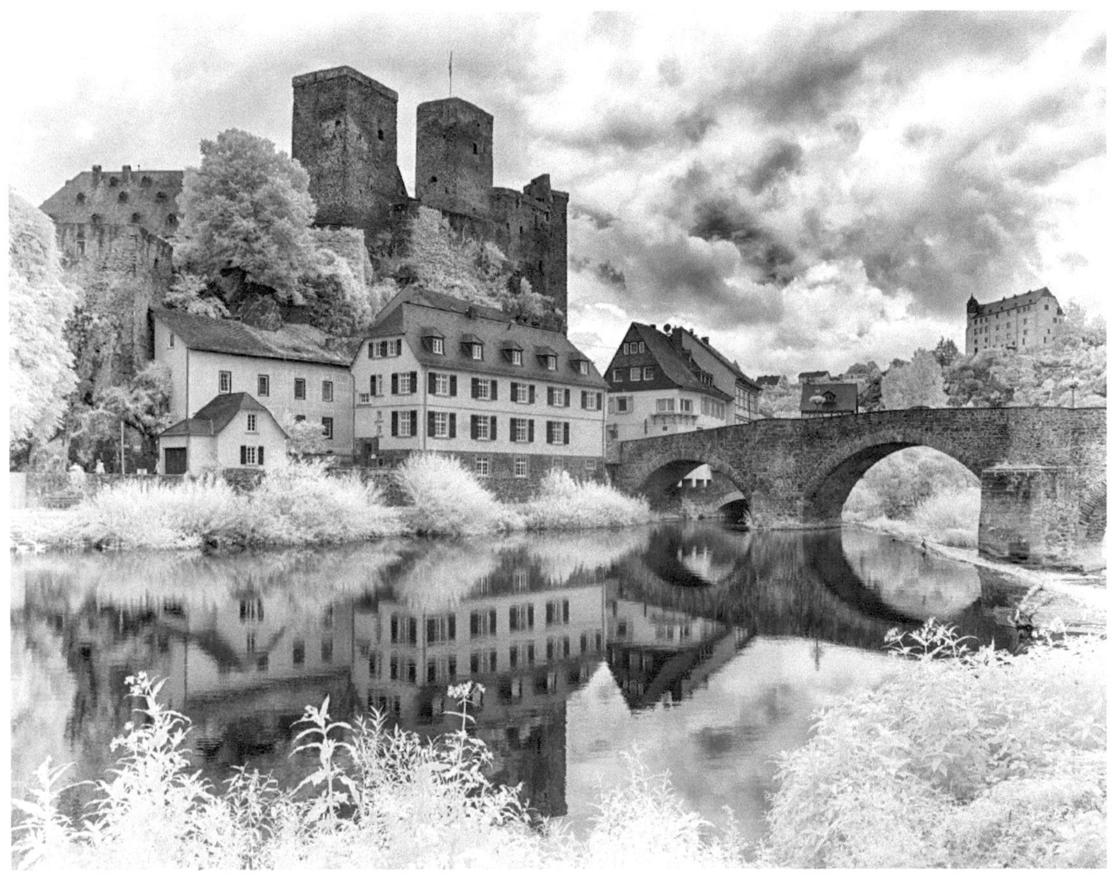

Runkel an der Lahn (Infrarotfotografie)

Auf diese Weise leiblich und mental gestärkt geht es nun weiter in Richtung Kassel, das ich gegen Abend erreiche. Die Zimmersuche gestaltet sich diesmal etwas schwieriger. Das zuerst gefundene Hotel liegt in der Innenstadt, und dort ist es unmöglich, einen Parkplatz zu finden. Vermutlich hat das Hotel zwar einen, aber zuerst einmal muss ich ja fragen, ob das Zimmer noch frei ist. Ich fahre zweimal um den Block und gebe dann auf. Ich suche mir lieber eines weiter draußen, möglichst nicht zu weit von meinem morgigen Ziel am Stadtrand von Kassel.

Am Ende klappt das dann auch. Ein schönes Zimmer in einem Hotel, und einen Parkplatz im Hof bekomme ich auch noch. Ich bin tatsächlich zu müde zum Abendessen (vor allem auch zu faul, um irgendwohin zu pilgern, denn das Hotel ist ein wenig weit vom Schuss) und arbeite mich durch meine Keksvorräte. Und ich bin heute sogar zu müde zum Lesen! Mein Vormieter dürfte den Satellitentuner des TV Geräts völlig verwirrt zu haben, aber ich bekomme das hin und programmiere als gelernter Nerd die Senderliste neu. Eigenartig, dass sie das nicht gesperrt haben, wie sie es normalerweise in den Hotels tun.

Dann lese ich mich aber doch noch etwas in mein morgiges Ausflugsziel ein: die Wilhelmshöhe bei Kassel mit der Löwenburg und dem Herkules.

Auf der Wilhelmshöhe

Natürlich bin ich mal wieder der erste am Parkplatz. Die netten Wachleute dort machen mich darauf aufmerksam, dass dies und das erst später öffnet, aber ich will ja sowieso in erster Linie auf die Wilhelmshöhe wandern, und sie erklären mir den Weg. Wir unterhalten uns noch ein paar Minuten nett – so oft kommen Österreicher hier auch nicht vorbei, scheint es. Ich erkläre ihnen, dass ich eine Fototour durch ganz Deutschland mache, wir wünschen uns noch einen schönen Tag, dann gehe ich los. Ganz leicht nieselt es, aber der Wetterbericht ist gut, und als ich zwanzig Minuten gegangen bin, ist der Regen auch schon vorbei.

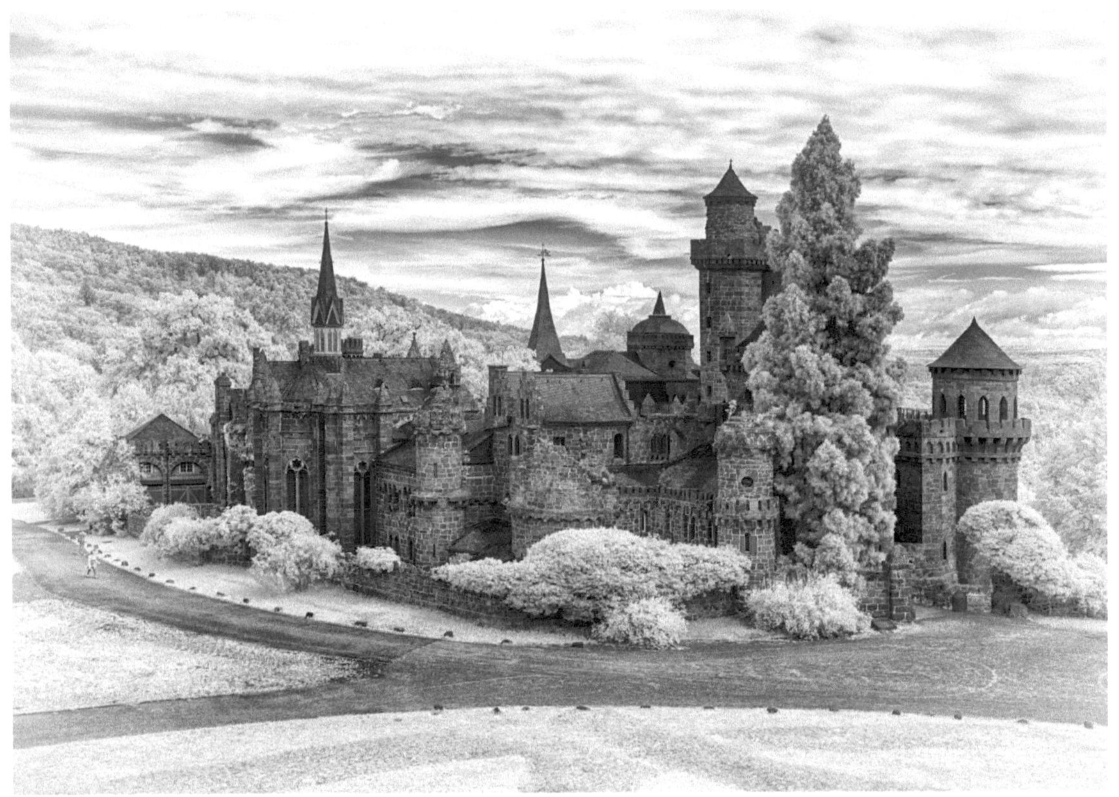

Die Löwenburg auf der Wilhelmshöhe (Infrarotfotografie)

Der Bergpark Wilhelmshöhe ist irgendwie ein hügeliges und wildes Schönbrunn, bin ich versucht zu sagen, nur viel größer. Mit 2,4 Quadratkilometern ist er ja auch der größte Bergpark in Europa, und seit 2013 hat er den Status eines UNESCO-Weltkulturerbes. Die Landgrafen und Kurfürsten von Hessen-Kassel ließen den Park ab 1696 anlegen. In den darauf folgenden 150 Jahren wurde er dann mehrmals erweitert. Neben italienischen Gärten und Barockgärten zeichnet er sich vor allem auch durch englische Gärten aus, und die sind eben naturbelassen.

Mich zieht es hinauf, denn ganz oben, auf 515 Seehöhe steht der Herkules, eine acht Meter hohe Monumentalstatue. Der Parkplatz liegt auf etwa 250 Meter, das heißt, dass man ca. 265 Höhenmeter bis ganz nach oben zurückzulegen hat.

Als erstes erreicht man unten das Schloss Wilhelmshöhe, umgeben von einem barocken Park. Die Besichtigung erspare ich mir, zumal es noch gar nicht geöffnet hat, und ziehe weiter in Richtung Löwenburg, die auf etwa 350 Meter Meereshöhe liegt und einer mittelalterlichen Ritterburg nachempfunden ist. Gebaut wurde sie allerdings erst Ende des 18. Jahrhunderts, und zwar bewusst als zum Teil verfallene Ruine – in einem aber wenig verfallenen Zustand, finde ich. Auf jeden Fall ist sie fotografisch ein wirkliches Highlight, und ich verbringe einige Zeit dort, während ich sie aus verschiedenen Perspektiven und von verschiedenen Standorten aus mal infrarot, mal konventionell knipse.

Weiter geht es dann durch den Habichtswald. Man geht in schattigen Serpentinen durch weitgehend unberührte Natur, was günstig ist, weil mittlerweile die Sonne herausgekommen ist und mir nun doch recht ordentlich einheizt. Hier kommt man dann am Fuß der Kaskaden heraus, am so genannten Neptunbassin. Man könnte neben den Kaskaden zum Herkules hinaufsteigen, aber ich biege links ab und gehe den Weg durch den Wald. Das dauert zwar deutlich länger, ist aber auch schöner – und weniger heiß. Schließlich erreiche ich den Herkules, der sich aber nicht fotografieren lassen möchte, also hat er sich ein Baugerüst angezogen. Das ist schade, nur eben nicht zu ändern. Als Fotograf ist man das auch irgendwie gewohnt. Manchmal kann man über den Standort und den Blickwinkel trotzdem noch gute Bilder machen, aber hier und heute ist das unmöglich. Also drehe ich mich um 180 Grad.

Es eröffnet sich mir ein sagenhafter Ausblick über die Kaskaden hinunter auf Kassel. Man sieht hier auch die endlos lange, schnurgerade Allee vom Wilhelmspark hinunter in die Stadt sehr gut. Ich mache einige Bilder. Schade, dass nicht sehr viel Wasser in den Kaskadenbecken ist. Das wird heute noch anders werden, weil Mittwoch ist – und weil am Mittwoch und am Sonntag die Wasserspiele stattfinden – aber ich werde darauf verzichten. Da wird es nämlich richtig voll hier, und ich möchte dann langsam weiter in Richtung Norden.

Ich gehe also neben den Kaskaden hinunter, setze mich in den Gastgarten des Cafés beim Neptunbecken und stärke mich mit einer Tasse Espresso und einem Saft. *„Bitte die Tasse dann zurückbringen!"* Mache ich. Selbstbedienung nicht nur beim Holen, die wissen wie's geht. Aber zumindest auf eine freundliche Art.

Dann geht es wieder hinunter. Da es hier so viele verschiedene Wanderwege gibt, wähle ich einen anderen als den, auf dem ich bergan gegangen bin. Wieder geht es durch verschiedene Wald- und Parkanlagen, und mir begegnen jetzt immer mehr Leute. Ich bin einmal mehr froh, dass ich Frühaufsteher und demzufolge zumeist gegen den Strom unterwegs bin, denn jetzt wird es langsam wirklich ziemlich warm.

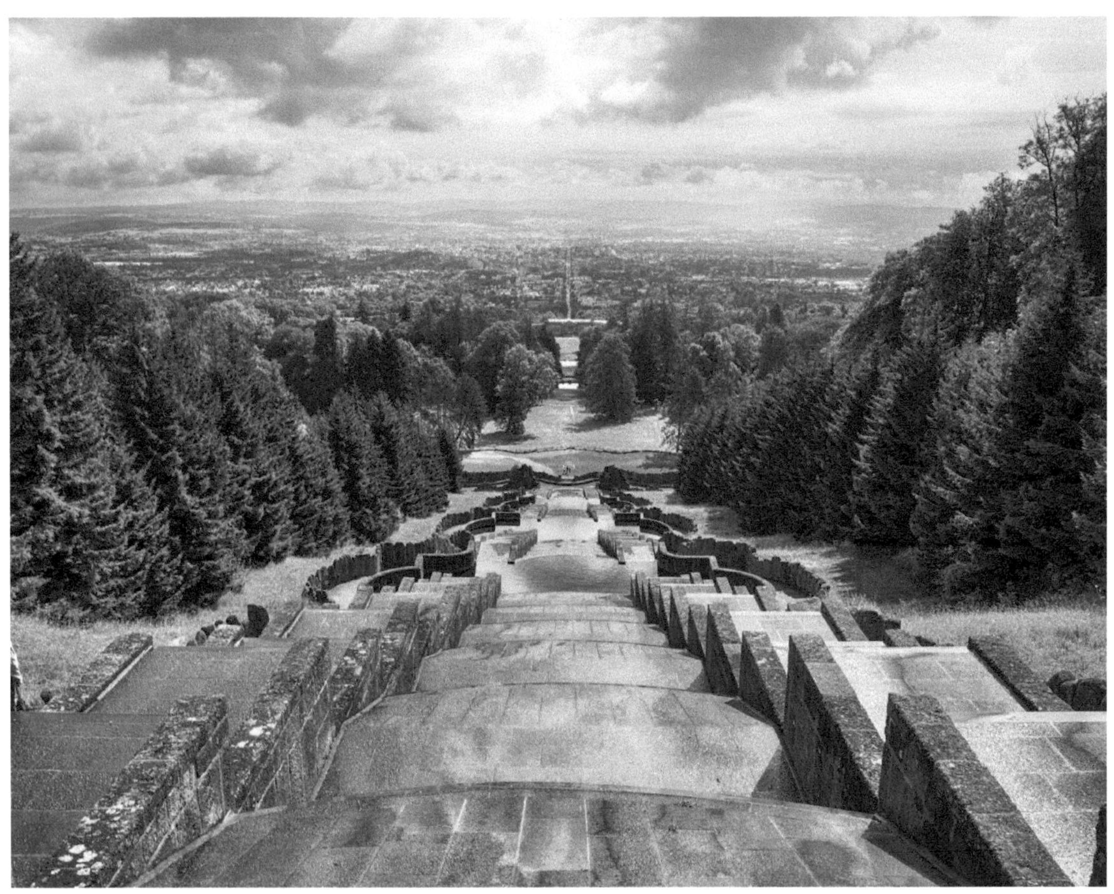

Blick vom Herkules auf Kassel

Am Parkplatz begrüßen die Angestellten mich wieder freundlich und fragen, ob es mir gefallen hat. Ja, und ob! Auch wenn ich nur einen Bruchteil dieses riesigen Bergparks gesehen habe, doch heute ist nicht alle Tage! Ich komm' wieder, keine Frage!

Dann geht es weiter in Richtung Norden. Der Verkehr in Kassel ist stark, aber ich bin trotzdem bald aus der Stadt heraus und auf der Autobahn. Ich möchte jetzt nach Niedersachsen, was nicht sonderlich lang dauern wird, weil Kassel ja ganz im Norden Hessens, an der Grenze zum Bundesland Niedersachsen liegt.

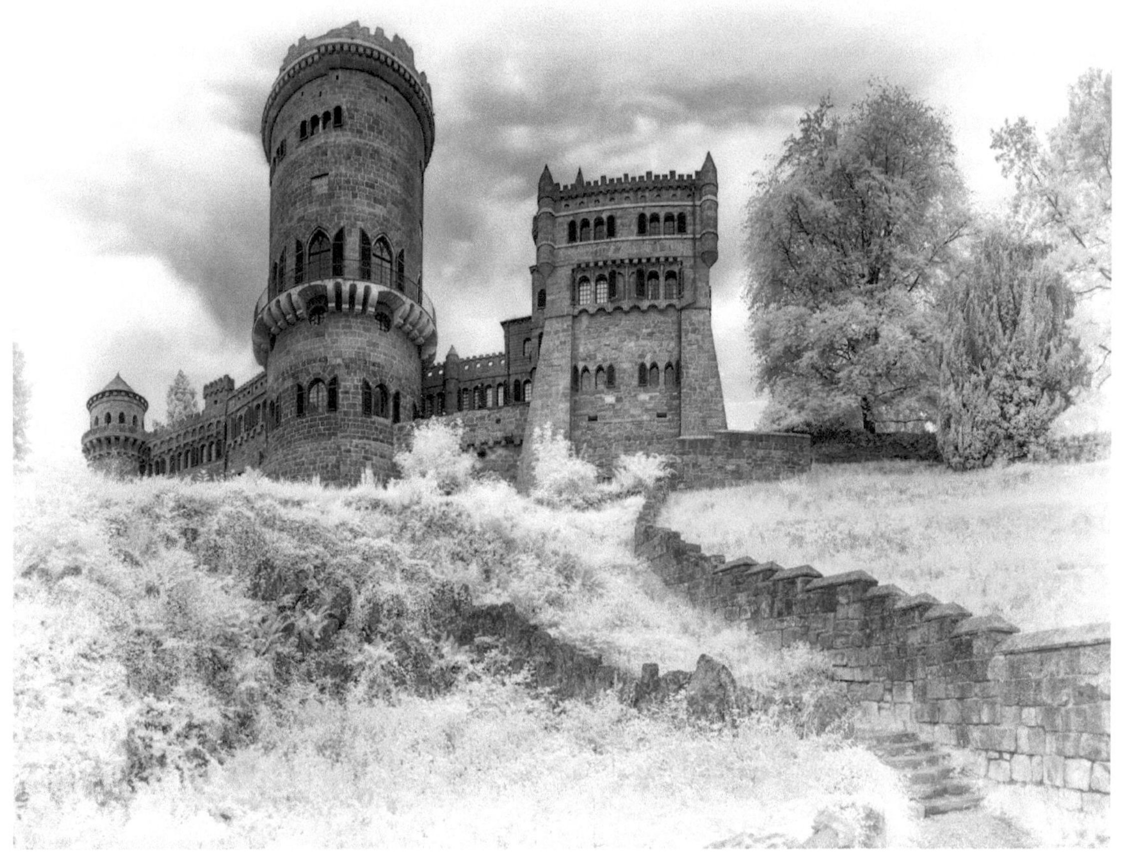

Die Löwenburg vom Aufstieg aus gesehen (Infrarotfotografie)

Über Hann. Münden nach Hameln

Von Kassel ein Stück nach Osten kommt man recht schnell nach Hannoversch Münden, das aber zumeist „Hann. Münden" abgekürzt wird. Seit 1. Januar 1991 führt die schnuckelige Stadt nun auch offiziell aufgrund eines Ratsbeschlusses die amtliche Bezeichnung „Hann. Münden". Das ist den Einheimischen aber ziemlich egal, denn die bezeichnen sich einfach als „Mündener". Diese kleine Dreiflüssestadt im Landkreis Göttingen in Niedersachsen liegt am Zusammenfluss von Werra und Fulda in die Weser und ist ein kleines Kronjuwel des Fachwerkbaus. Über die Lage der Stadt im Weserdurchbruchstal soll auch Alexander von Humboldt einst gesagt haben:

„Das ist eine der sieben schönst gelegenen Städte der Welt."

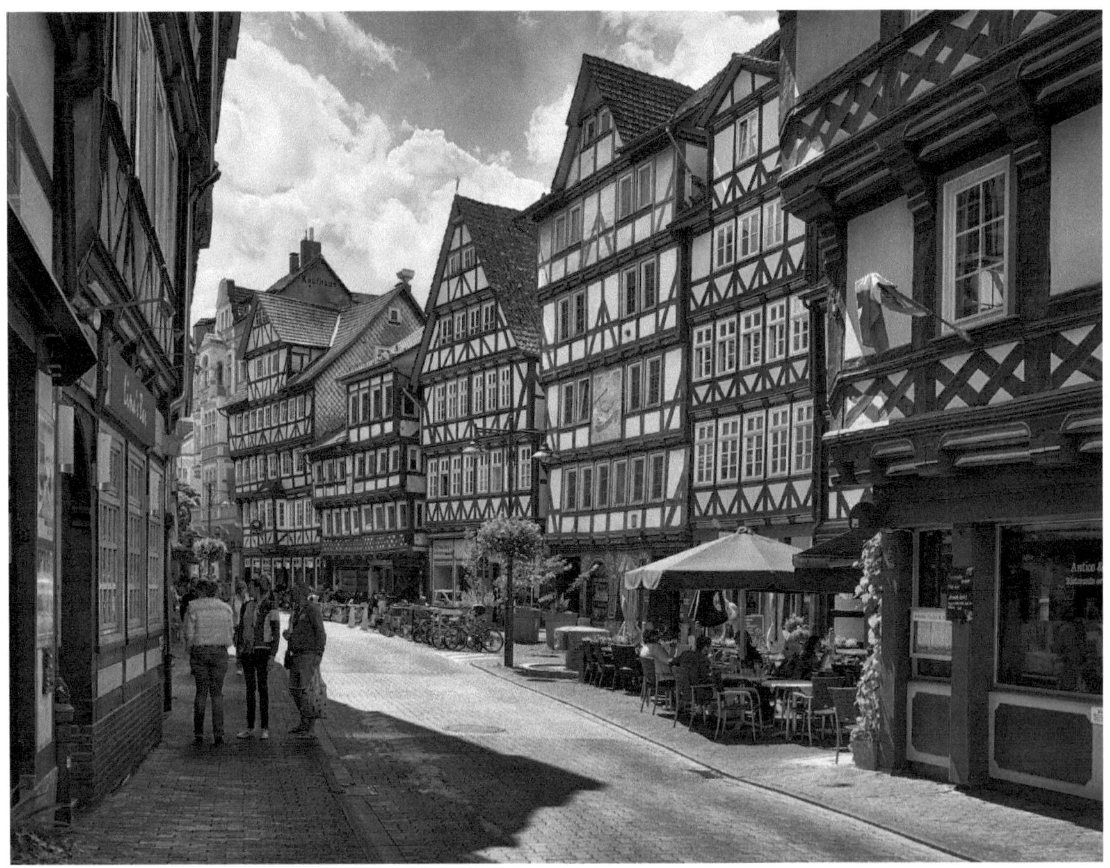

Hannoversch Münden – Fußgängerzone

Allerdings ist das Zitat nicht ausreichend belegt, um ihm zweifelsfrei zugeschrieben werden zu können. Die ganze Gegend dürfte aber dem Geist der Wissenschaft zuträglich sein, wenn man sich an die herausragende Stellung der Universität Göttingen am Anfang des 20. Jahrhunderts erinnert, vor allem im Bereich der Quantenphysik. Nicht weniger als 44 Nobelpreisträger und Nobelpreisträgerinnen haben einen mehr oder weniger engen Bezug zu Göttingen, die meisten davon waren Physiker oder Chemiker in der ersten Hälfte des 20. Jahrhunderts. Am bekanntesten sind davon sicherlich Max Planck, Werner Heisenberg, Otto Hahn, der Österreicher Wolfgang Pauli und Max Born. Aber auch die Mediziner Robert Koch oder Paul Ehrlich hatten in Göttingen studiert.

Daran denke ich, als ich das Auto am Parkplatz etwas außerhalb des Stadtkerns abstelle und mich auf den Weg mache. Es ist heiß, es ist Mittag, es ist Essenszeit. Im Stadtkern angekommen, der praktisch ausschließlich aus wunderschön instandgehaltenen Fachwerkhäusern besteht, setze ich mich in der Fußgängerzone an einen Tisch und esse und trinke eine Kleinigkeit.

Eigentlich will ich nur einen kurzen Abstecher in diese Stadt machen. Es wird nun jedoch etwas länger dauern, weil ich immer wieder ein neues lohnendes Motiv sehe. Am frühen Nachmittag geht es dann aber mit einem Seufzer weiter durch das wunderschöne Wesertal in Richtung Hameln. Landschaftlich ist das ein Genuss, man möchte immer wieder einmal stehenbleiben und die Aussicht genießen. Ich hatte ehrlich keine Ahnung, wie schön die Weser ist, die ich immer eher mit Bremen assoziiert habe.

Kurz vor Hameln dann verwirren Umleitungen en masse mein Navi, und ich schalte von der elektronischen auf die biologische Zielsuchstrategie um, was kaum besser funktioniert, weil man als moderner Autofahrer mittlerweile ja so etwas wie eine Straßenkarte nicht mehr mit sich führt. Vielleicht ist das aber auch rattenfängerische Absicht, was weiß man schon? Schließlich finde ich Schloss Hämelschenburg (da steckt „Hameln" ja schon im Namen) doch noch – und es ist teilweise eingerüstet. Schade! Vom Park aus finde ich jedoch eine Position, bei der Bäume das Gerüst verdecken und mache ganz akzeptable Bilder – jedenfalls sollte sich dies dann zuhause herausstellen.

Das Schloss selbst ist zwar bereits geschlossen, was mich aber nicht stört. Ich kann gut von öffentlichem Grund aus fotografieren. Eigentlich kann man dieses Schloss sogar nur von außen vernünftig ablichten, glaube ich.

Dann wird es Zeit, sich nach einem Zimmer umzusehen. Gar nicht so einfach in dieser Gegend, aber am Ende finde ich doch eines etwas außerhalb von Hameln in ruhiger Lage – mit einem Bäcker und einem Supermarkt in Gehdistanz. Perfekt! Die Vermieterin ist sehr nett, sehr gesprächig – und etwas verwirrt, als zwei Leute vor der Tür stehen, denn sie hat nur eine Reservierung vorliegen. Es klärt sich dann schnell auf, als ich ihr sage, dass ich auf gut Glück da wäre. Ja, sie habe noch genau zwei Zimmer. Fein! Ich bin mit einem zufrieden, das andere bekommt der junge Mann, der doch tatsächlich von Braunschweig mit dem Rad hierher gefahren ist – und der es war, welcher reserviert hatte.

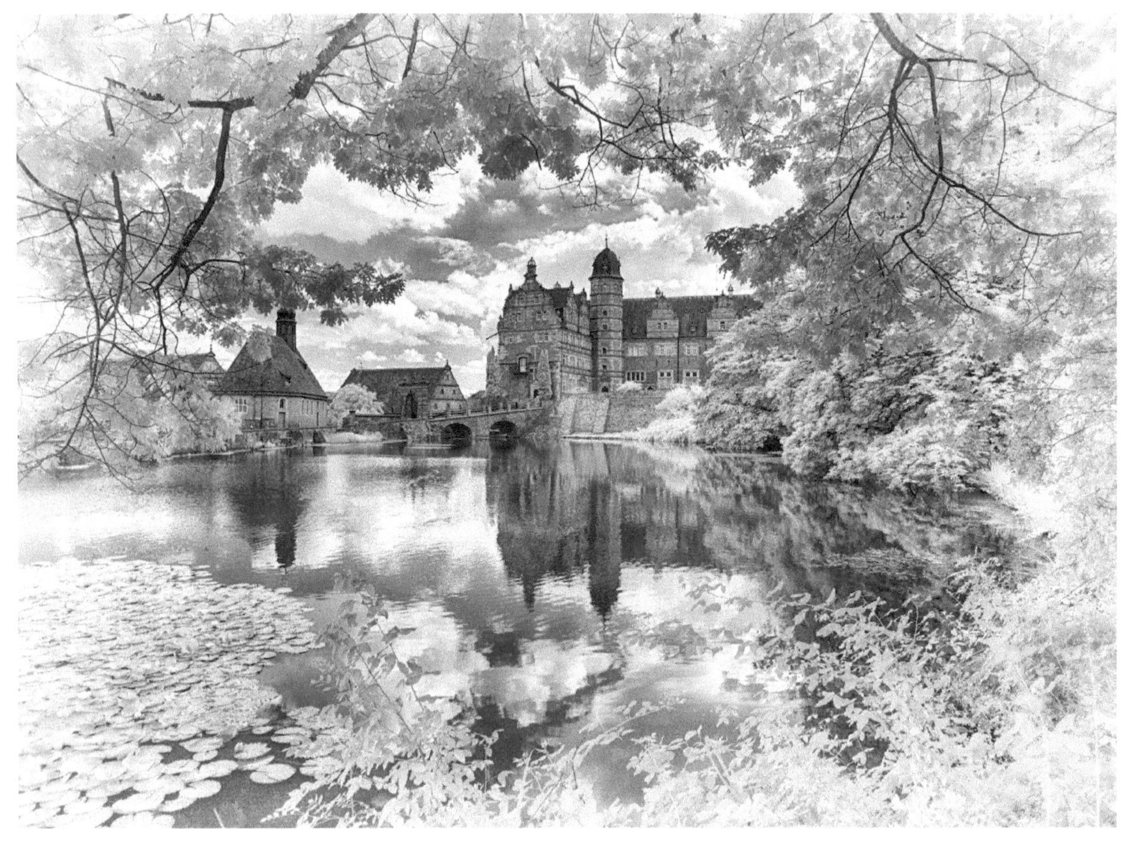

Hämelschenburg bei Hameln (IR) – die Bäume rechts verdecken das Baugerüst

Nachdem ich das Gepäck ins (riesige – das größte im gesamten Urlaub) Zimmer gebracht habe, besorge ich mir im Supermarkt etwas zu essen. In der Gemeinschaftsküche kann man es sogar warm machen. Danach lese ich mich ein wenig für den nächsten Tag ein. Ich werde den Rest der Strecke bis zur Ostsee am Vormittag durchziehen, nehme ich mir vor.

Von Hameln an die Ostsee

„Papa, willst du eigentlich alle Burgen und Schlösser in Deutschland fotografieren?", schreibt einer meiner Söhne – den Sarkasmus hat er nicht von mir, ich besitze ihn nämlich noch – in die WhatsApp Familiengruppe, als ich ein paar Handyfotos von Schloss Hämelschenburg schicke. Nachdem ich am Nachmittag beim ehemaligen Kernkraftwerk Grohnde bei Hameln vorbeigekommen bin – dieses ist gerade im Rückbau – und es aus dem Auto (aus dem stehenden Auto!) mit dem Handy aufgenommen habe, schicke ich ihm beim Frühstück ein Bild davon mit dem Text: *„Burg Strahlenstein bei Hameln. Besitzt die höchsten Wehrtürme aller Burgen in Deutschland!"* Ich denke, das beantwortet seine Frage.

Als das Gepäck im Auto ist, verabschiede ich mich und fahre los in Richtung Norden. Diesmal werde ich großteils auf der Autobahn fahren, ich möchte gegen Mittag an der Ostsee sein. Als Ziel habe ich mir Brook gewählt. Warum? Keine Ahnung, mir gefiel der Name. Außerdem soll es dort einen etwas abgelegenen, einsamen Strand geben.

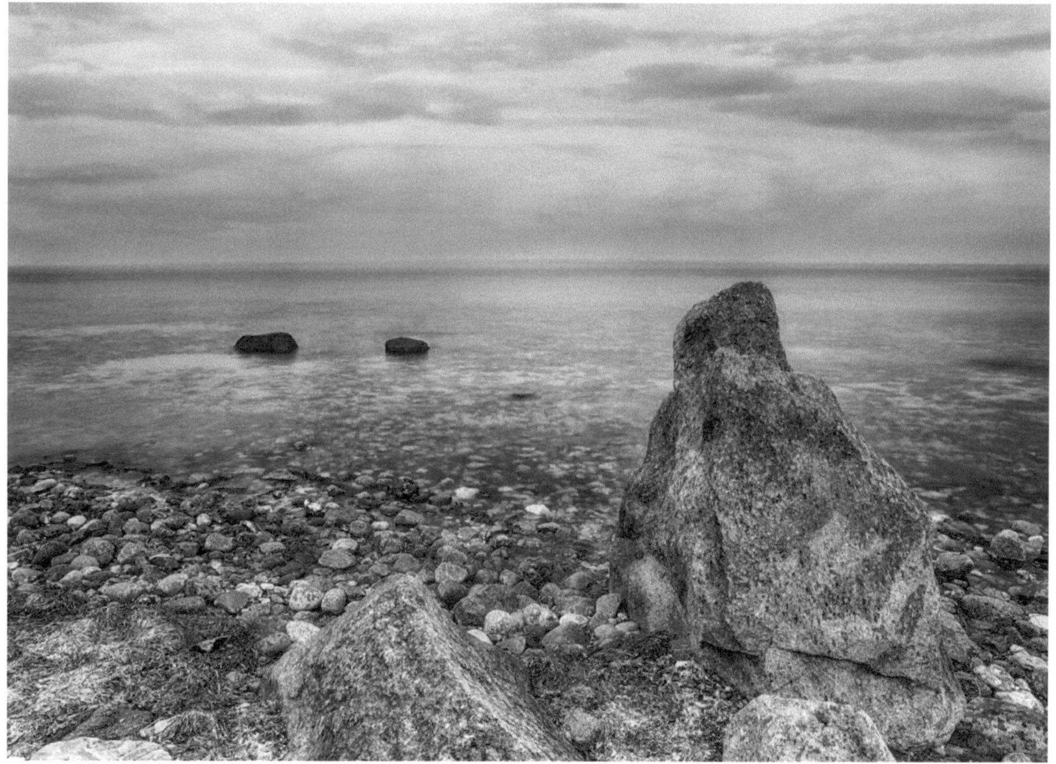

Küste bei Brook an der Ostsee

Ich komme gegen 11 :30 Uhr an, und es nieselt leicht. Ich weiß ja nicht, wie es anderen Menschen geht, aber bei mir weckt es immer ein ganz eigenes Gefühl, wenn ich in einem Urlaub das erste Mal am Meeresstrand stehe. Es ist so eine Art „angekommen zu sein". Ich setze mich hin, ich genieße die Ruhe – heute ist kein Badewetter – und mache nur wenige Fotos. Natürlich meldet sich nun langsam der Magen. Na, dann suchen wir uns ein nettes Gasthaus, denke ich und fahre los.

Gasthäuser? Fehlanzeige! Am Beginn jedes Nests, in das ich komme, steht zwar ein Schild, das es als Tourismusgemeinde ausweist, aber eine Gastwirtschaft gibt es in keinem davon. Nicht einmal Lebensmittelläden, außer in einem Dorf – aber dieses Geschäft schließt gerade. Ich habe noch nie von einem Lebensmittelladen gehört, der um 13 Uhr schließt, das ist eine gänzlich neue Erfahrung für mich. Dazu kommt, dass ich unleidlich werde, wenn ich hungrig bin. Ist das in Nordwestmecklenburg in Mecklenburg-Vorpommern normal? Keine Ahnung.

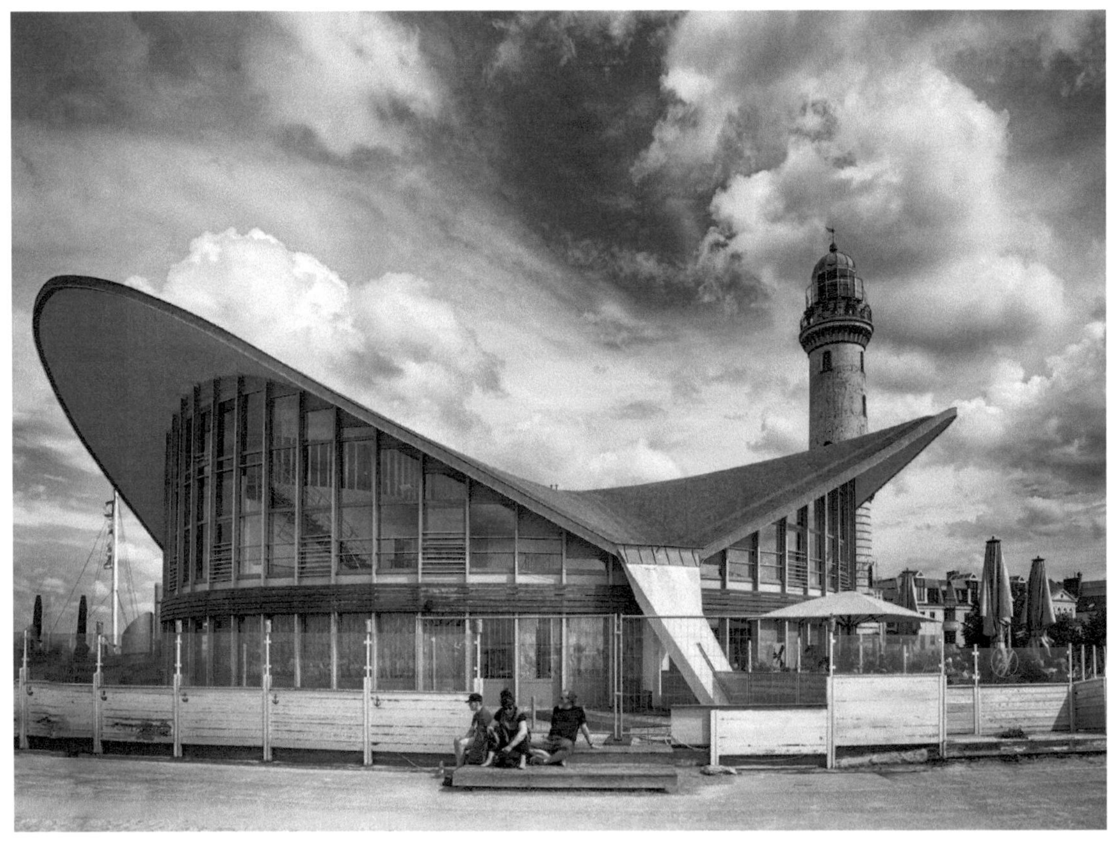

Warnemünde mit dem Leuchtturm

Glücklicherweise finde ich im fünften oder sechsten Dorf dann ein Hotel mit angeschlossenem Restaurant und bekomme doch noch etwas zu essen, bevor ich in Richtung Osten weiter ziehe. Ich möchte nach Warnemünde bei Rostock. Ich habe gehört, dass es dort sehr schön sein soll – und bin enttäuscht, als ich einen übervollen Strand (mittlerweile scheint die Sonne; das Wetter ändert sich hier sehr schnell) und eine Promenade vor mir sehe, welche die Stadt vom Strand trennt. Das hat schon etwas von Jesolo. Ich bin ja eher der Typ für die einsameren Strände, also mache ich ein paar Bilder von den Strandkörben und einer umtriebigen Möwe – und mich dann schnell wieder auf den Weg hinaus aus dem Trubel.

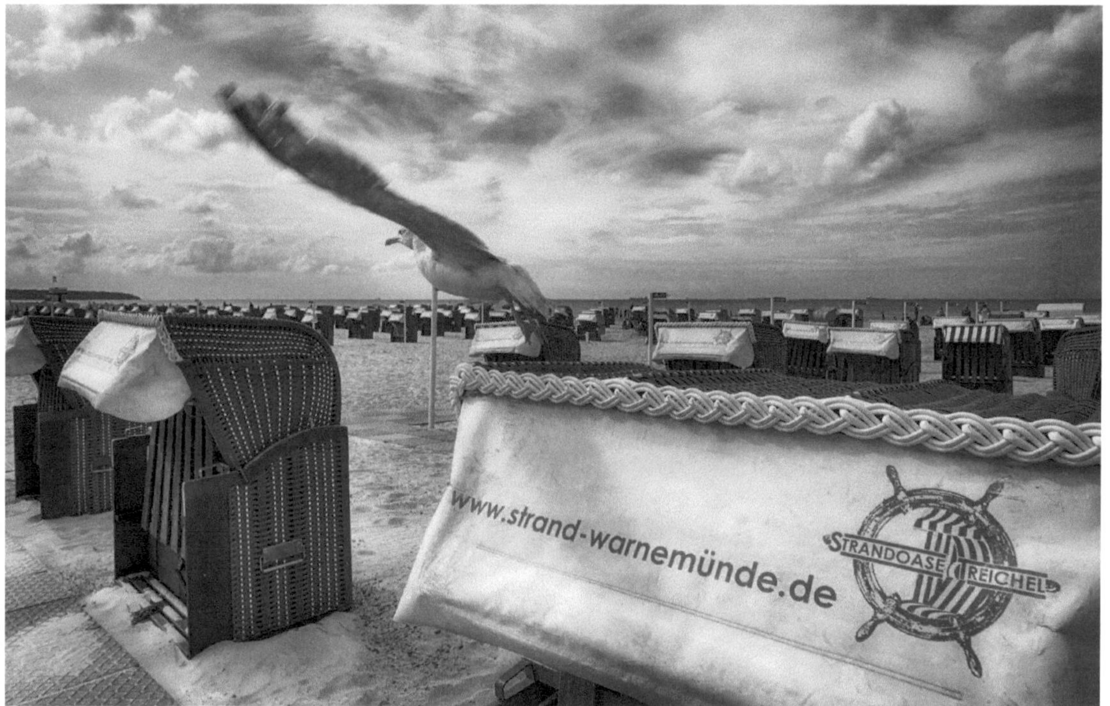

Strandkörbe bei Warnemünde – der Möwe war ich nicht ganz geheuer

Als ich meiner Mutter ein Foto der Strandkörbe schicke, antwortet sie: *„Ach wie schön! Ich liebe Strandkörbe. Nimm mir einen mit!"*

Merke: Scherze nie mit mir, wenn du die Konsequenzen scheust. Zum Geburtstag im September bekommt sie nämlich von ihren Kindern einen Strandkorb. Wir wissen ja, dass sie die Dinger wirklich mag. Und wir freuen uns auf ihr Gesicht, wenn der LKW das Ding liefern kommt!

Bevor ich mich auf den Weg mache, suche ich mir im Internet ein Zimmer. In Brodersdorf, etwa 25 Kilometer von Warnemünde entfernt, werde ich fündig. Ich fahre hin und merke wieder einmal, dass ich Glück gehabt habe. Ein Zimmer ist noch frei, und das ist sehr schön. Hier werde ich nun zwei Nächte bleiben, um die Ostsee ein wenig näher zu erkunden. Ehrlich gesagt tut es mir gut, nicht am nächsten Morgen schon wieder packen zu müssen.

Das Zimmer hat einen ebenen Ausgang in den Garten. Ich genieße den Abend daher draußen, bevor ich mich ein wenig um die Planung des nächsten Tags kümmere. Die Entscheidung fällt auf die Halbinsel Darß. Vor allem Zingst möchte ich mir ansehen.

Unterwegs an der Ostsee

Nach einem guten Frühstück geht es zuerst nach Ahrenshoop. Das liegt am Weg nach Zingst, man fährt dabei die ganze Zeit entlang der Ostseeküste – nur durch einen Deich und einen kleinen Waldstreifen vom Meer getrennt. Alle paar Kilometer gibt es einen Parkplatz und einen Übergang zur Küste, die sich in diesem Bereich zumeist als breiter Sandstrand präsentiert. Das Konzept überzeugt: Es gibt abwechselnd Badebereiche, Hundestrände und FKK Strände, sodass Belästigungen (oder auch eingebildete Belästigungen) der Badegäste untereinander wohl weitgehend vermieden werden können. Zumal diese Strände wirklich endlos sind, und sich die Leute dort sowieso entsprechend verteilen können.

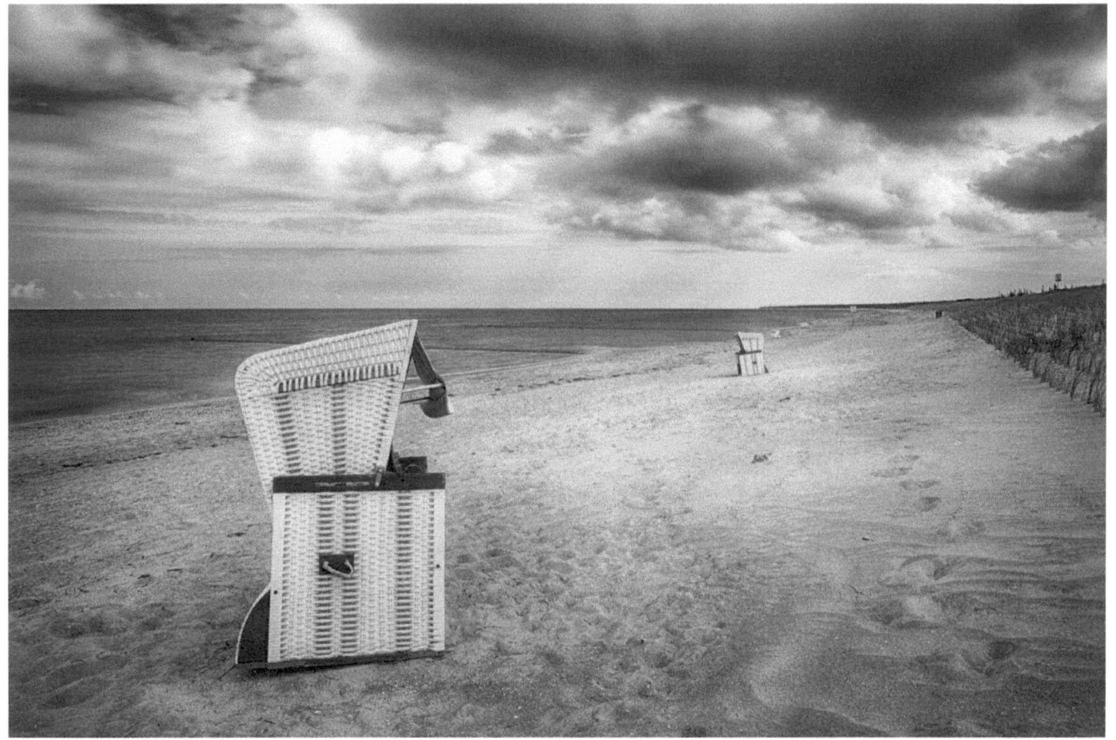

Strand bei Ahrenshoop

Im Bild ganz rechts und im Bild auf der nächsten Seite sieht man die Deichbepflanzung. Diese verhindert, dass die Deiche weggespült werden. Üblicherweise darf man diese Deiche, außer an den Übergängen, nicht betreten, woran sich, so mein Eindruck, auch alle brav halten. Interessant finde ich, dass die Strände durchwegs sehr sauber sind, wobei die Hundestrände tatsächlich den saubersten Eindruck machten.

Nach ein paar Fotos – die Wolkenstimmung ist ideal dafür – geht es dann weiter nach Zingst.

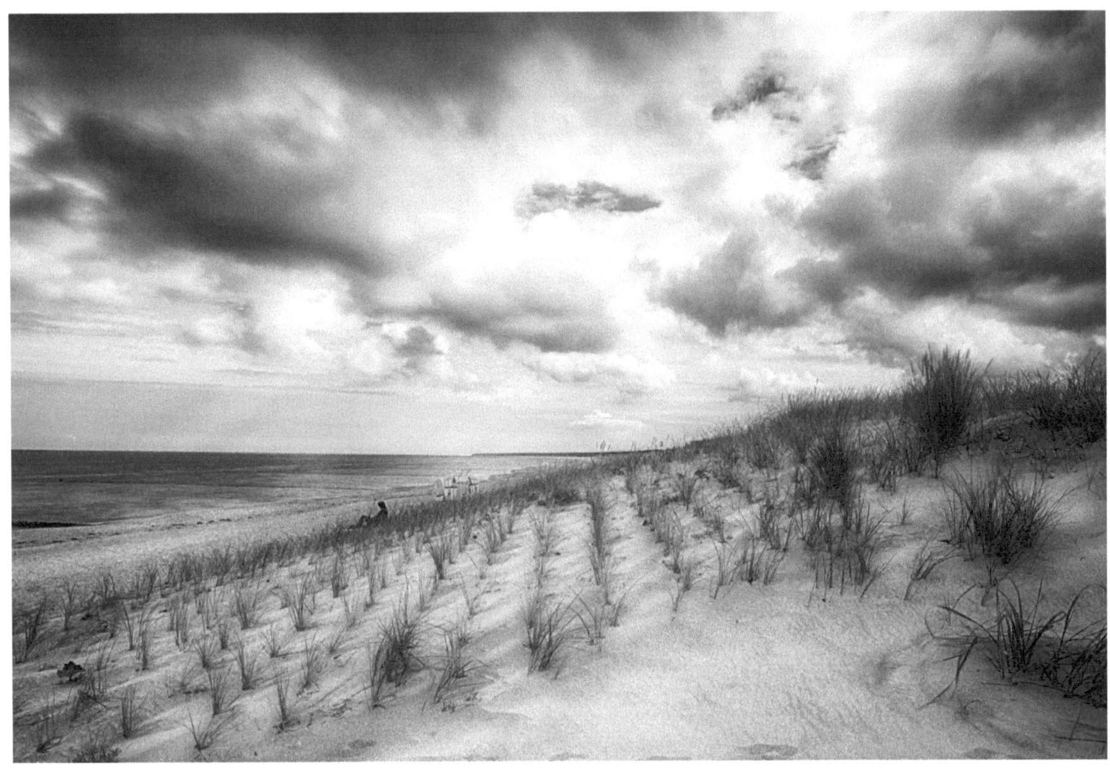

Ein einsamer Badegast am Strand unterhalb des Deichs – hier kann man's noch genießen

Kurz nach neun Uhr komme ich in Zingst an. Hier ist es natürlich einigermaßen voll, zumal das ein schöner, warmer Tag zu werden verspricht. Einen Parkplatz zu finden, ist aber um diese Zeit noch kein Problem.

Die Strandpromenade von Zingst scheint endlos zu sein. Auch sie liegt klugerweise hinter dem Deich. Es gibt Fahrradverleihe, Imbissbuden – und natürlich jede Menge Hotels und Pensionen. Alle hundert oder zweihundert Meter gibt es einen Übergang über den Deich, und auch hier ist der Strand in die vorher genannten Bereiche unterteilt. Ich entscheide mich, gleich den ersten Übergang zu nehmen und am Strand entlangzugehen. Für die Tageszeit ist es schon einigermaßen voll. Und es ist warm, ich schätze etwa 24 Grad Celsius, weshalb ich mit meiner langen Hose und der Regenjacke vermutlich ziemlich auffalle. Oder es ist das Stativ, das ich aufbaue, um eine Langzeitbelichtung zu machen? Vermutlich die Kombination aus beidem.

Langzeitbelichtungen sind am Meer immer sehr schön, weil die Wellen sich am Bild in eine Art Nebel auflösen. Zu meiner Ehrenrettung muss ich sagen, dass die lange Hose (eine sehr dünne Wanderhose) zum Fotografieren ideal ist, weil man sich da keine Gedanken machen muss, wenn man mal wieder kniet oder im Dreck liegt. Einem ambitionierten Fotografen ist es aber soundso völlig egal, was sich die Leute denken. Na ja, fast völlig. Deshalb baue ich das Stativ auch erst nach dem FKK Strand auf, also am textilen Badestrand.

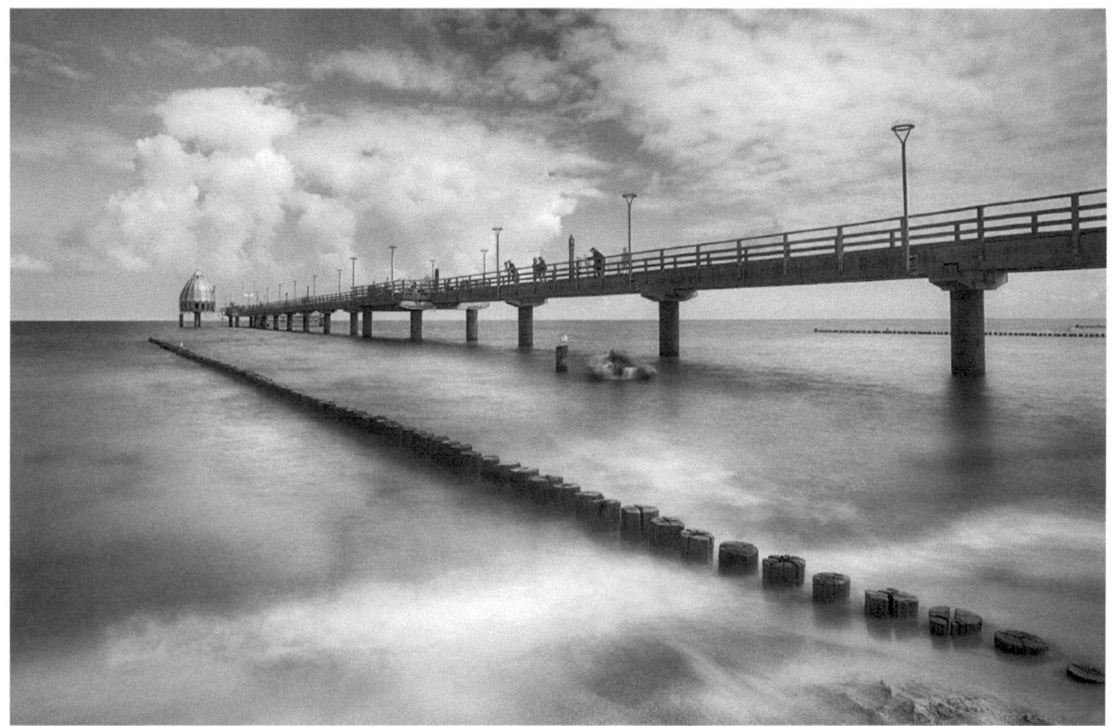

Die Seebrücke in Zingst mit der Taucherglocke – Langzeitbelichtung

Man sieht an der Ostsee allerorts diese Buhnen, also die in den Seeboden gerammten Holzpfähle. Sie sollen wohl als ein Schutz vor dem Sandverlust dienen, aber so ganz genau ist mir ihr Sinn nie klargeworden. Die Seebrücke allerdings dient einfach dem Tourismus. Am Ende der Brücke steht in Zingst (wie auch bei vielen anderen Seebrücken) eine Taucherglocke, mit der man um wenig Geld für eine halbe Stunde lang der Oberwelt entfliehen und vier bis fünf Meter in die Unterwasserwelt der Ostsee abtauchen kann. Trockenen Fußes natürlich. Im Bild oben ist sie zu sehen, wie sie gerade nicht getaucht ist. Da der Ansturm groß ist, und dementsprechend die Wartezeit zwei Stunden betragen würde, verzichte ich darauf, obwohl es mich gereizt hätte.

Eine andere bekannte Seebrücke, eigentlich *die* Seebrücke, nämlich die in Sellin, lasse ich aus. Das wäre doch ein ganzes Stück zu fahren, und am fotogensten ist sie sowieso zur blauen Stunde – das mache ich ein andermal. Für Rügen muss man sich einfach länger Zeit nehmen.

Zingst hat für Fotografen übrigens noch eine weitere Bedeutung: die Zingster Fototage, neuerdings „Umweltfotofestival Zingst" sind im Juni ein weltweit bekannter Event, den ich irgendwann einmal sicher besuchen werde. Jetzt geht es aber zurück in Richtung der Steilküste von Wustrow, denn ein kleines Stück der Ostsee zwischen Ahrenshoop und Zingst ist tatsächlich kein flacher Strand, sondern eine Abbruchküste, und die will ich sehen.

Allerdings erst nach einem kleinen Imbiss, den ich auf der Strandpromenade einnehme, bevor ich zum Auto zurückkehre, meine nagelneue Brille vermisse, den ganzen Weg noch einmal abgehe, in den diversen Strandorganisationen und Lokalen nachfrage, kein Glück habe und, wieder beim Auto angekommen, das Ding zwischen den Autositzen finde. Soll ich mich jetzt freuen, sie nicht verloren zu haben, oder soll ich mich über meine Vergesslichkeit grämen? Ich entscheide mich für ersteres und fahre ab in Richtung Wustrow.

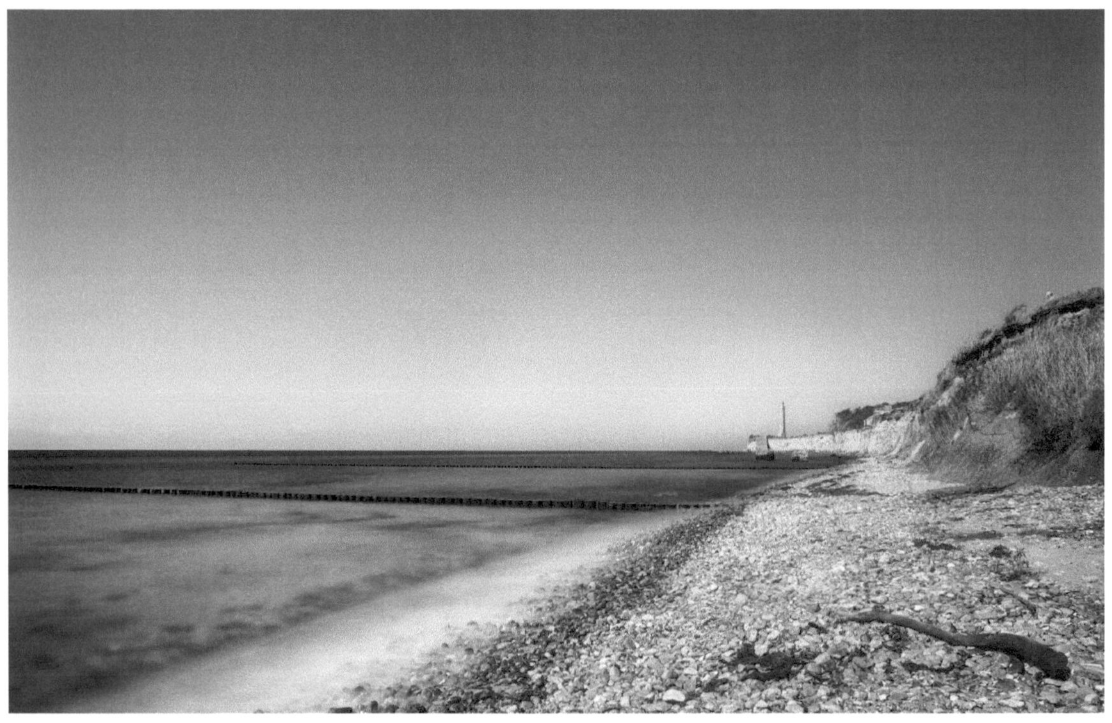

Steilküste bei Wustrow

Unterwegs bemerke ich, dass jetzt am frühen Nachmittag die Parkplätze entlang der Küstenstraße alle schon ziemlich voll sind, komme aber dann doch zu einem kleinen Parkplatz mit vielleicht zehn bis zwölf Stehplätzen, der völlig leer ist. Ich stelle den Wagen ab und gehe über den Übergang zum Strand, der hier aussieht wie überall. Ich drehe also um und gehe zum Auto zurück. Das Ganze hat nicht einmal drei Minuten gedauert, die Zigarette (ja, ich rauche leider) habe ich noch gar nicht fertig geraucht, da sehe ich schon einen Herrn vom Ordnungsamt bei meinem Fahrzeug stehen. Er knipst gerade das Kennzeichen. Das gibt offenbar einen Strafzettel, und mir ist völlig unklar, warum.

Ich grüße und frage ihn, was ich falsch gemacht habe, und er macht mich auf das etwas versteckte Schild aufmerksam, das den Parkplatz als Behindertenparkplatz ausweist. Ich hatte das wirklich völlig übersehen, und das sage ich ihm auch:

„Das habe ich ehrlich völlig übersehen! Ich war wirklich nur kurz am Strand. Sehen Sie, ich habe noch nicht einmal meine Zigarette fertig geraucht, so kurz war das. Können Sie bitte ein Auge zudrücken?"

In Österreich würde man hier vermutlich auf Granit beißen, aber er lacht und meint: *„Ja, ich glaube es Ihnen ja. Nächstes Mal bitte mehr achtgeben! Ist hiermit erledigt."*

Ich mache vermutlich gerade ein ziemlich verblüfftes Gesicht. Wir wünschen uns noch einen schönen Tag, und ich fahre weiter. In Wustrow gibt es dann glücklicherweise einen großen, gebührenpflichtigen Parkplatz – und bei der mittlerweile durchaus beträchtlichen Hitze ist der lange Weg zur Steilküste schweißtreibend. Angeblich soll es ja eine Art Treppe hinunter geben, aber die liegt demontiert oben an der Küste, also gehe ich weiter, bis ich eine Stelle finde, an der man gerade so hinunterkraxeln kann. Ganz ungefährlich ist das mit dem Fotorucksack zwar nicht, aber es geht irgendwie.

Unten liegen doch einige Leute am Kiesstrand. Anscheinend gibt es also eine bessere Stelle, um hinunterzugelangen, aber die dürfte mir entgangen sein. Wie ich später erfahre, hätte ich nur noch ein kleines Stück weitergehen müssen. Ich baue mein Stativ auf und mache einige Bilder mit beiden Kameras. Der Durst ist quälend, aber ich habe ja eine Flasche Wasser … im Auto. Sehr gescheit gemacht, mal wieder! Irgendwie ist das der Tag, an dem fast alles schief geht, um sich am Ende doch stets in Wohlgefallen aufzulösen: Zuerst die Brille, dann der Behindertenparkplatz, und jetzt das Wasser vergessen. Fehlt nur noch, dass alle Restaurants geschlossen haben, wenn ich abends etwas essen gehen will.

Am Rückweg treffe ich einen Fotografen aus Thüringen, der schlauer ist als ich: Er hat so eine Art Elektroscooter, auf dem man aber sitzen kann. Keine Ahnung, wie diese Dinger heißen, aber sein Rückweg ist jedenfalls deutlich entspannter als meiner. Wir unterhalten uns am Parkplatz ein wenig über unseren Fotourlaub – er macht auch gerade einen – während ich eine ganze Flasche Wasser auf einen Zug austrinke. Das fühlt sich irgendwie an, als würde man eine völlig verdorrte Zimmerpflanze gießen.

Ich mache mich auf den Rückweg nach Brodersdorf ins Quartier. Ich bin froh, dass ich heute nicht erst ein Zimmer suchen muss, werfe das Zeug in selbes, dusche und frage dann den Wirt, wo man hier etwas essen kann. Er empfiehlt mir das einzige Restaurant im Ort, und ich mache mich hungrig auf den Weg, um dort dann zu erfahren: *„Geschlossene Gesellschaft!"*

Passt zu diesem Tag, finde ich. Aber nachdem am Ende auch alles andere gutgegangen ist, wird der Günter sicher nicht hungrig zu Bett gehen müssen. Nach einer Irrfahrt und einigen Konsultationen des Mobiltelefons („Restaurants in Ihrer Umgebung") finde ich eines, das sich offenbar auf Pfifferlinge (so nennt man hier unsere Eierschwammerl) spezialisiert hat, und in dem noch ein Tisch im Gastgarten frei ist. Ich liebe Eierschwammerl und bestelle sie mir mit Nudeln. Das Restaurant ist sehr gut, also hat sich auch dieses Problem wieder in Wohlgefallen aufgelöst.

Am nächsten Tag geht es dann zurück in Richtung Heimat, aber diesmal durch den Osten Deutschlands, nachdem ich die Strecke hinauf zur Ostsee ja über den Westen gefahren bin. Außer dass ich nach Schwerin will, habe ich allerdings noch keinen genauen Plan.

Von der Ostsee nach Schwerin

Von der Ostsee nach Schwerin ist es nicht besonders weit. Zuerst ein Stück Autobahn, danach fährt man durch eine teilbewaldete Gegend in der Schweriner Seenplatte, die ich landschaftlich sehr ansprechend finde. Die Stadt Schwerin selbst reißt mich zwar nicht vom Hocker, aber dieses Schloss! Über zwei Brücken erreichbar im See gelegen, ist es einfach ein Edelstein in einer goldenen Fassung – und das ist beinahe wörtlich zu nehmen, weil große Teile des Dachs tatsächlich vergoldet sind. Nach der Wiedervereinigung wurde es prächtig runderneuert, und jetzt strahlt es dem Ankommenden wie ein Märchenschloss entgegen, wenn er den Parkplatz erreicht.

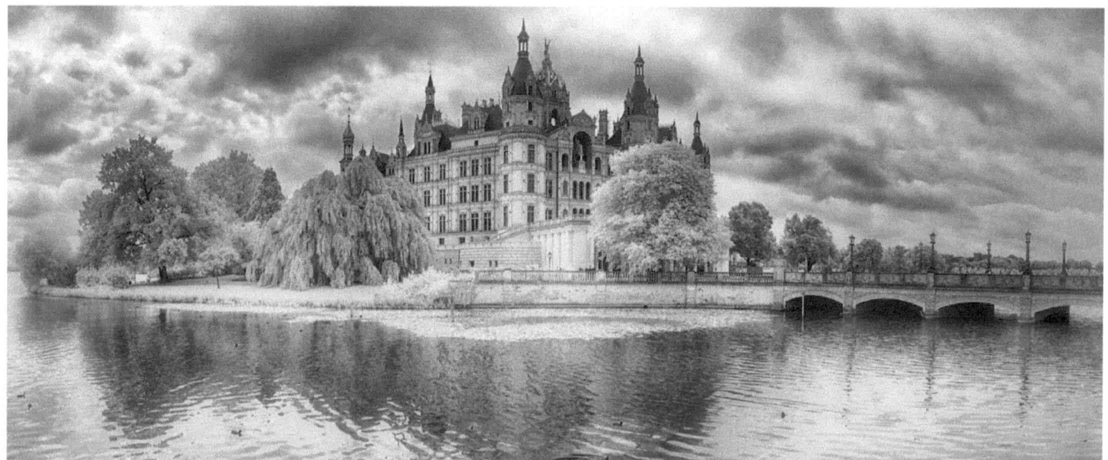

Wasserschloss Schwerin – Vorderansicht (Infrarotaufnahme)

Natürlich mache ich gleich einmal etliche Bilder mit beiden Kameras, bevor ich über die Brücke gehe und den eigentlichen Schlosspark betrete. Es ist Mittag, und so bin ich bei weitem nicht der einzige Besucher hier. Was mich aber nicht daran hindert, auf einer Runde um das Schloss jede Menge Fotos zu machen. Wie bereits erwähnt: Störende Menschen werden in Photoshop später weggebeamt, wobei man, um Aufwand zu sparen, natürlich trotzdem beim Fotografieren immer versucht, einen Moment abzuwarten, bei dem nicht allzu viele Leute im Bild sind. Manche sind da erstaunlich unsensibel. Ich meine: Man sieht doch, dass jemand fotografieren möchte, und stellt sich trotzdem einen Meter entfernt direkt vor die Kamera? Ich erinnere mich an die Coronazeit und huste herzzerreißend, ohne mir die Hand vorzuhalten. Das funktioniert meistens relativ gut.

Das Wetter ist da schon deutlich rücksichtsvoller: Es beglückt mich mit schönen Wolken. Es ist ein Irrglaube, dass Fotografen schönes Wetter bevorzugen. Ein blauer Himmel ist langweilig. Am liebsten sind uns eindrucksvolle Wolken. Im Idealfall eine kurz nach einem Gewitter durch die Wolkendecke brechende Sonne mit einem Regenbogen. Das ist gleichsam der Jackpot der Lichtstimmungen. Habe ich heute zwar nicht, aber so ist es auch gut.

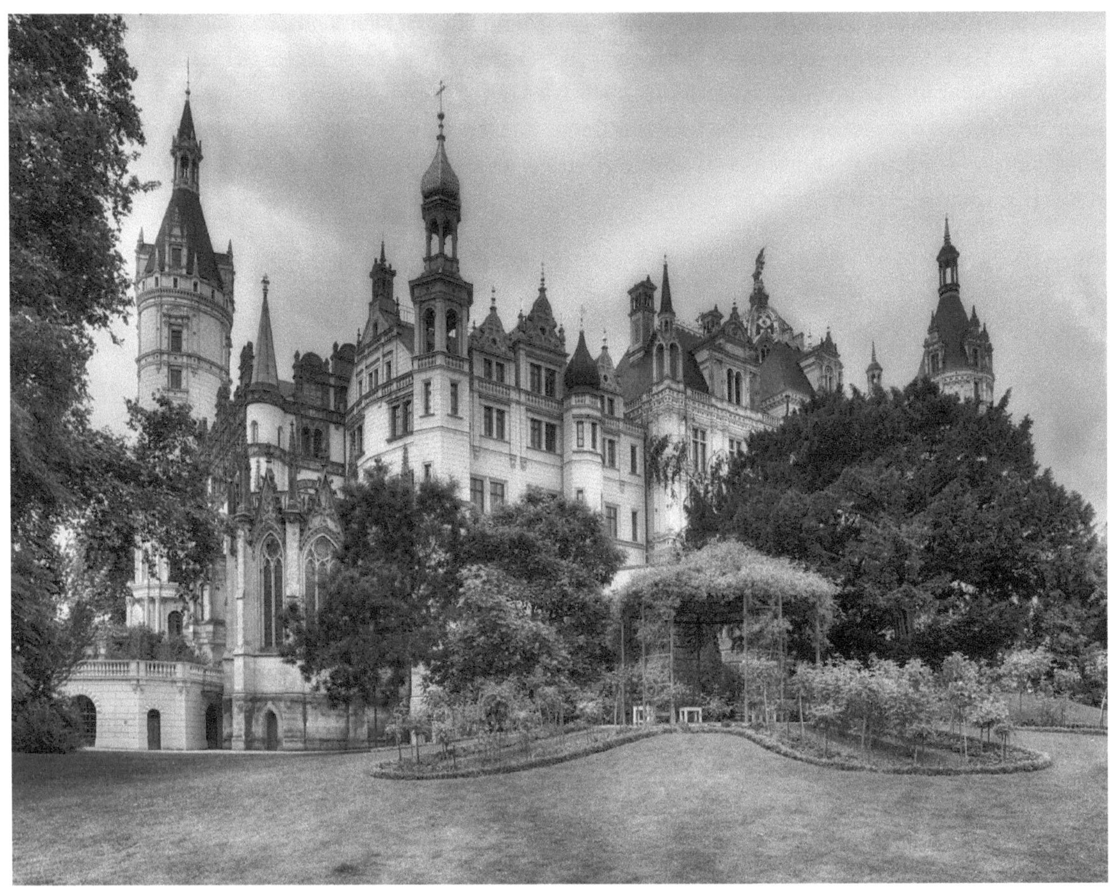

Schloss Schwerin – Seitenansicht mit Regenbogen, der allerdings in SW nicht so gut wirkt ;-)

Wer den Regenbogen in obigem Bild in voller Pracht sehen möchte, der muss schon auf meine am Anfang des Buchs erwähnte flickr-Seite schauen. Ich gehe auf der anderen Seite des Schlosses über die zweite Brücke, um das Schloss auch von der anderen Seeseite aus zu knipsen. Da ist es schon deutlich ruhiger, auch wenn sich ein kurzes Gespräch mit einem anderen Fotografen ergibt. Wir sind dort tatsächlich nur zu zweit. Wie so oft muss man nur ein paar Minuten zu Fuß gehen, und schon lässt man den Trubel hinter sich. Danach geht es zurück zum Auto, wo ich mir überlege, was mein nächstes Ziel sein soll. Ich entscheide mich dann für Potsdam bei Berlin.

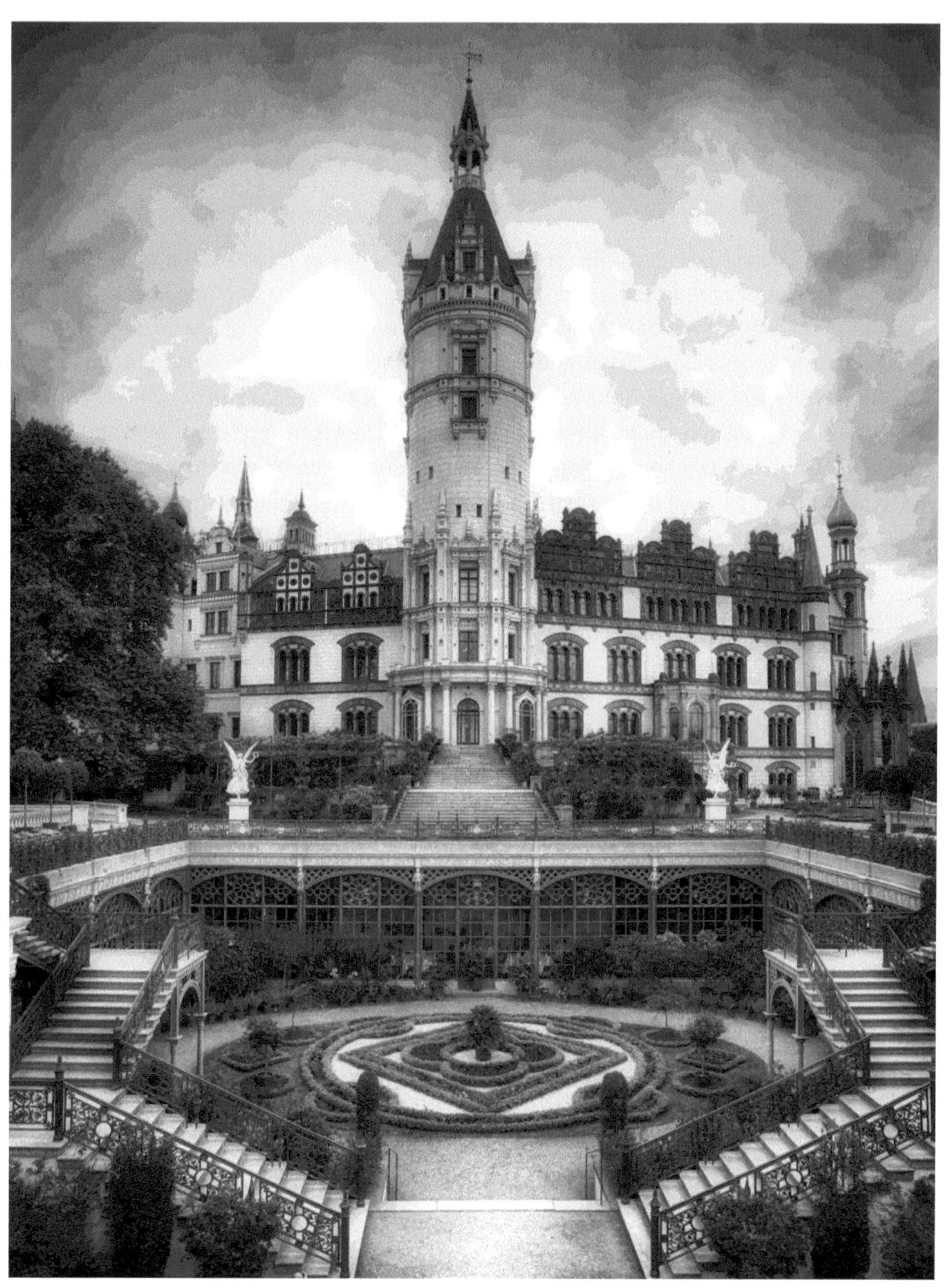

Schloss Schwerin – Orangerie

Auf dem Weg nach Potsdam

Es ist doch ein ganz schönes Stück nach Potsdam, und so wähle ich mir noch zwei Zwischenetappenziele aus: Schloss Ludwigslust und Schloss Rheinsberg, beide in Brandenburg. Es wird jetzt also wieder geschichtsträchtig werden.

Als ich zu Mittag in Ludwigslust eintreffe, stelle ich fest, dass es praktisch völlig eingerüstet ist. Da ist beim besten Willen nichts zu machen, außer im Schlossrestaurant ein sehr gutes kleines Mahl einzunehmen, um dann recht schnell wieder ins Auto zu steigen und in Richtung Rheinsberg weiterzufahren. Schloss Rheinsberg liegt an einem der Brandenburger Seen. Ich habe mir, während ich auf das Essen gewartet habe, im Internet ein paar interessante Fotospots dazu herausgesucht. Die Fahrt dorthin führt teilweise durch eine Heidelandschaft, die schon zu dieser Jahreszeit schön ist. Wie muss das erst im Herbst aussehen? Um 15:15 Uhr treffe ich beim Schloss ein. Es ist immer noch Samstag, und dementsprechend viel ist hier los. Es gibt auf der Uferstraße einen regelrechten Stau, der mir aber im Moment kein Kopfzerbrechen bereitet, weil ich schon auf einen der zahlreichen Parkplätze stehe. Von dort muss ich nur die Straße überqueren und das Stativ aufbauen, um einen herrlichen Blick auf das Schloss zu haben.

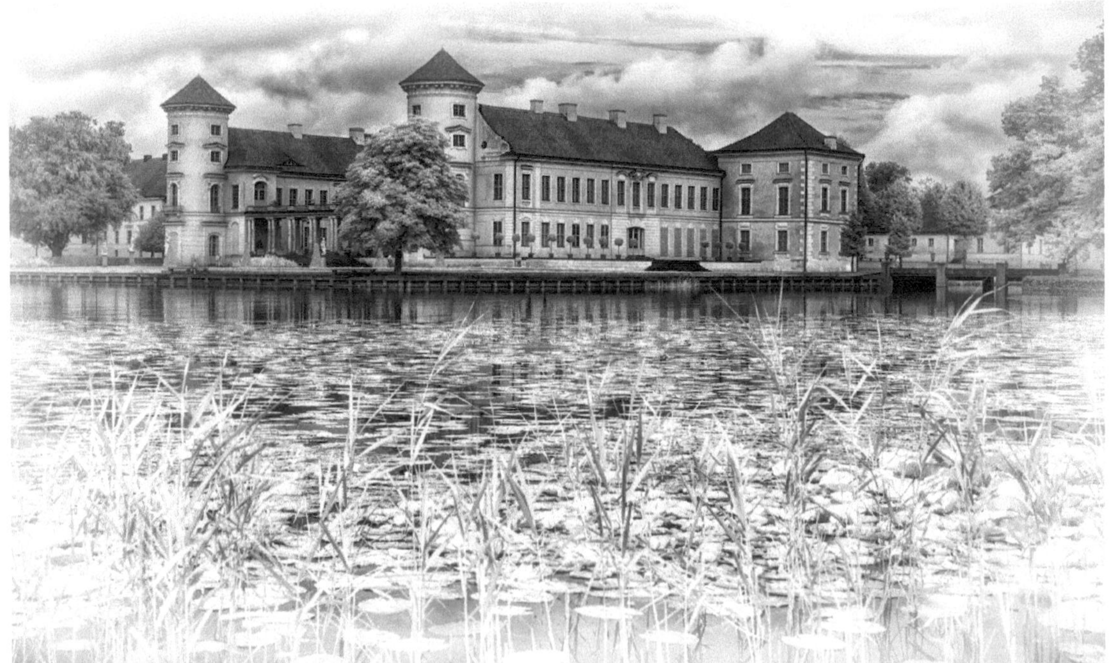

Schloss Rheinsberg (Infrarotaufnahme)

Ich wandere noch ein wenig herum und mache Aufnahmen von verschiedenen Standorten aus. Hier könnte man vermutlich einen ganzen Tag lang fotografieren, aber ich glaube, dass ich schon ein paar recht brauchbare Bilder gemacht habe. Wozu also noch fünfzehn weitere?

Man gestatte mir ein kleines Abschweifen: Oft werden einem von Freunden im Rahmen von Beamershows Bilder vom Urlaub gezeigt, bei denen man mit fünf oder zehn Aufnahmen des gleichen Motivs beglückt wird. Das ist langweilig. Man sollte immer versuchen, sich auf maximal zwei oder drei Bilder (aus möglichst verschiedenen Perspektiven) des gleichen Motivs zu beschränken. Dann wird man aufmerksame Zuseher haben, das Ganze wird statt zwei Stunden vielleicht 15 Minuten dauern, und – die Leute kommen auch beim nächsten Mal wieder, ohne sich ihren Kopf über Ausreden wie „die Großtante ist gestorben" zerbrechen zu müssen. Manchen Leuten gehen nämlich langsam die Großtanten aus!

Ich fahre also weiter, aber nicht sehr weit – ich stecke jetzt erstens tatsächlich im Stau, und zweitens habe ich im Internet gelesen, dass in Hafendorf, ganz in der Nähe, doch tatsächlich ein schöner Leuchtturm stehen soll. Man stelle sich das vor: Mitten in Brandenburg, hunderte Kilometer vom Meer entfernt, an der Südspitze der Mecklenburger Seenplatte! Nun, den muss ich sehen!

Genau genommen gibt es dort sogar zwei Leuchttürme. Einen historischen, und den neuen (siehe das Bild auf der nächsten Seite). Wie kommt das?

Das Hafendorf ist ein reines Touristendorf am Rheinsberger See. Es wurde am und im See aus dem Boden gestampft, um Urlauber zu beherbergen. Viele der kleinen Chalets haben direkten Wasserzugang, und alle stehen direkt am Wasser, sodass man mit dem eigenen (kleinen) Boot praktisch bis vor die Haustüre fahren kann. Man kann das nicht wirklich beschreiben, das muss man gesehen haben! Es ist eine Stadt im Kleinen, gelegen am See und selbst ein interessantes Fotomotiv.

Der neue rot und weiß gestrichene Leuchtturm in Holzbauweise ist mittlerweile schon ein Wahrzeichen geworden. Er steht auf einer Art künstlicher Insel und ist über zwei Stege erreichbar. Natürlich gehe ich hinauf – das darf man hier auch als Tagesbesucher, nur das Auto muss draußen bleiben. Allerdings ist es vom öffentlichen Parkplatz nicht sehr weit, man geht vielleicht fünf Minuten.

Das Wetter zieht allerdings zu. Es wird wohl bald regnen, weshalb ich mich ein wenig beeile, aber trotzdem einen satten Guss abbekomme. Glücklicherweise schaffe ich es noch, die Kameras rechtzeitig in den spritzwasserfesten Fotorucksack zu bekommen. Auch hier schweife ich jetzt kurz ab: Egal, wo man bei seiner Ausrüstung sparen möchte: Niemals beim Fotorucksack, bitte! Etwas Gutes hat der Wetterwechsel aber auch: Die Wolken sehen fantastisch aus.

Nachdem ich den Leuchtturm aus verschiedenen Blickwinkeln fotografiert habe, trete ich den Rückweg zum Auto an und mache mich auf den Weg nach Potsdam.

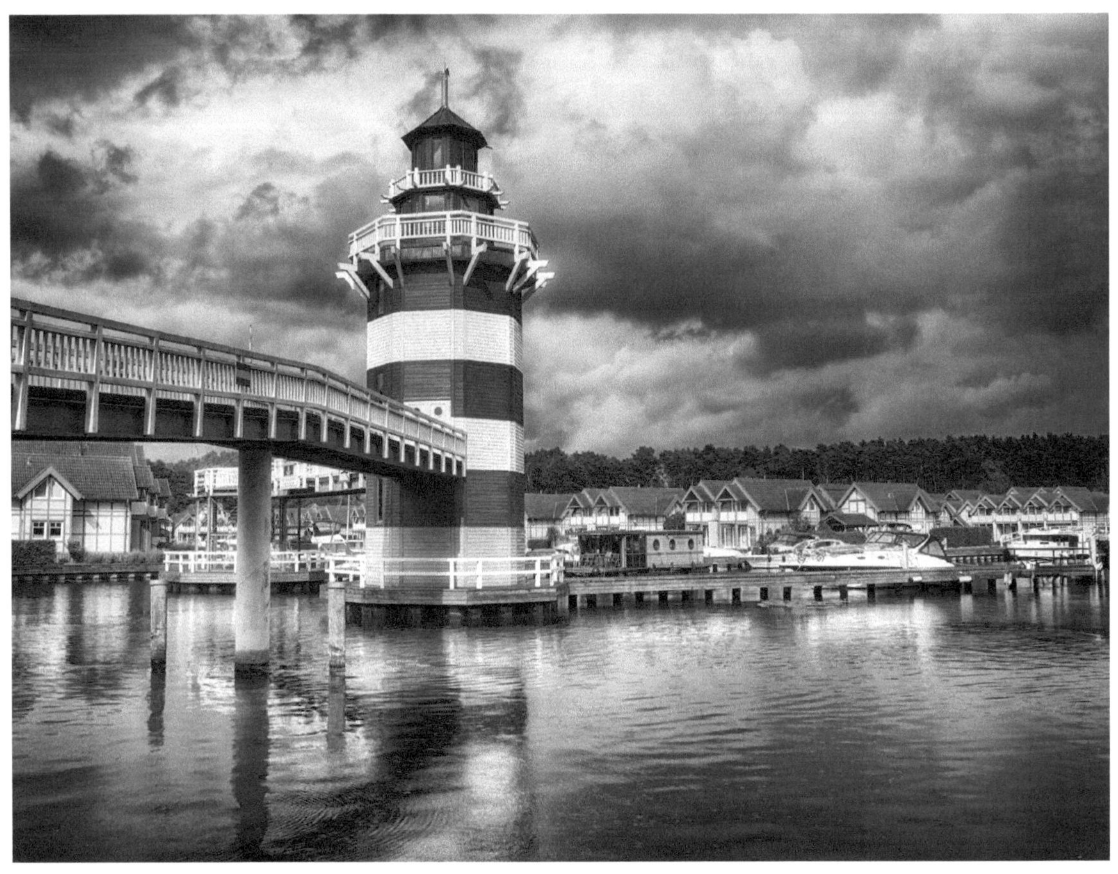

Der neue Leuchtturm im Hafendorf bei Rheinsberg

Es geht wieder auf die Autobahn. Es sind von hier doch noch etwa 130 Kilometer bis nach Potsdam, und gegen Abend fahre ich kurz auf einen Parkplatz, um mir ein Hotel herauszusuchen. Ich werde schnell fündig. Wenn ich in diesem Buch normalerweise keine Hotelnamen angebe, dieses muss ich nennen, weil hier Nomen est Omen ist. Das Hotel „Grimm's" (inklusive des verstörenden Apostrophs) macht seinem Namen nämlich alle Ehre, indem es die Märchen der Brüder Grimm konsequent thematisiert.

Gegen 19 Uhr treffe ich in Teltow bei Potsdam ein, stelle mein Auto auf einem Park and Ride Parkplatz ab und checke ein. Die Märchenthematik ist hier omnipräsent. Das fängt bei den Teppichen in den Hotelfluren an und hört nicht bei den Bildern an den Wänden auf. Ich habe Hunger und lasse mir für 20 Uhr einen Tisch im Restaurant reservieren, welches – natürlich – „Tischlein deck' dich!" heißt. Auf der Speisekarte heißen die einzelnen Bereiche „Der Suppenkaspar" (Suppen), „Hans im Glück" (Hauptspeisen) und „Der süße Brei" (Nachspeisen). Die ziehen ihr Konzept wirklich stringent durch.

Ich entscheide mich, weil ich keinen allzu großen Hunger habe, und vor allem keinen auf Fleisch, für die Spaghetti al Arrabiata, die ich mir „sehr scharf" bestelle. Als sie kommen, streift mich fast ein Schlagerl. Da hat wohl des Teufels Großmutter gekocht, der Pott ist riesig! Ich schaffe sie tatsächlich nicht ganz, obwohl sie ausgezeichnet schmecken und auch schön scharf sind.

Am nächsten Tag geht es natürlich wieder früh los. Ich möchte zum Schloss Sanssouci in Potsdam. Irgendwie verfahre ich mich da ein wenig, aber gegen 8:45 Uhr stehe ich auf einem – um die Zeit sonst ziemlich leeren – Parkplatz und schultere das Werkzeug. Ich parke, ohne das geplant zu haben, in der Nähe des Neuen Palais, das am anderen Ende des Parks von Sanssouci liegt, von dessen Größe ich vor Betreten nicht die leiseste Ahnung habe.

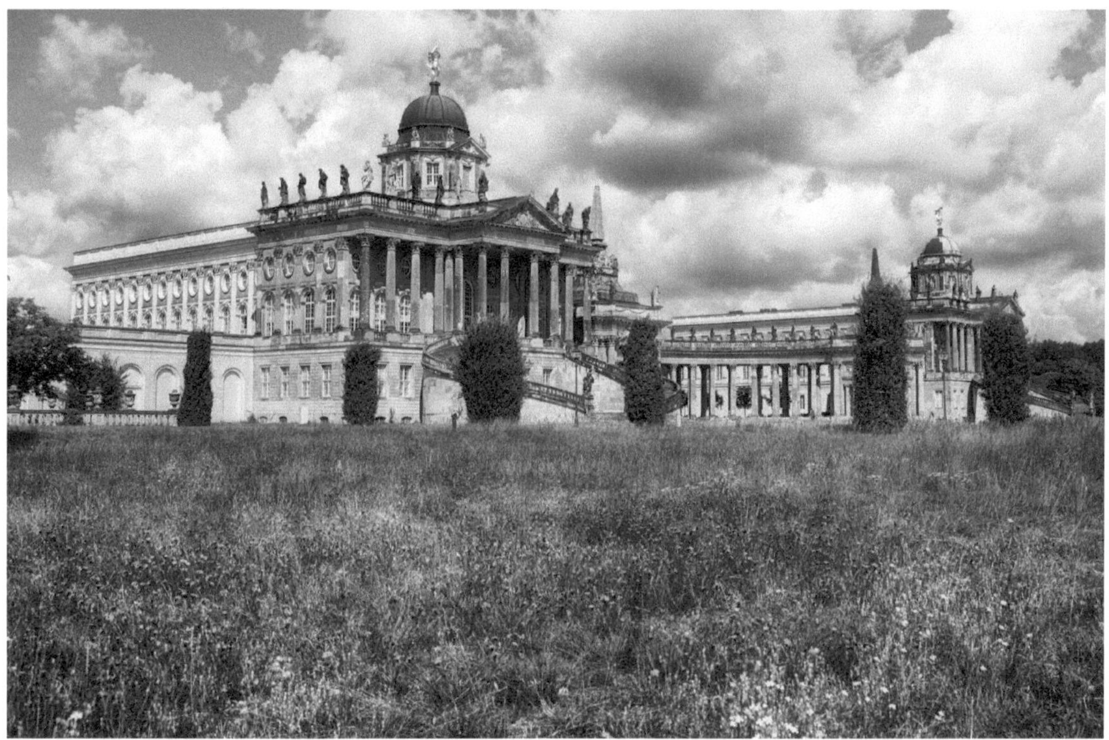

Das Neue Palais in Potsdam

Zudem ist es ziemlich warm, und ich schwitze schnell recht ordentlich, als ich durch die endlose Hauptallee vom Neuen Palais in Richtung Sanssouci gehe. Gegen die Größe dieses Schlossparks ist der Park von Schönbrunn ein Schrebergarten. Allerdings stylischer. Der Park von Sanssouci ist großteils sehr naturbelassen, fast schon ein Wald. Mir gefällt er sehr gut, und unterwegs gibt es immer wieder ein kleines Palais oder ein Lusthaus (was man in den damaligen Adelskreisen halt so bezeichnet hat) zu fotografieren.

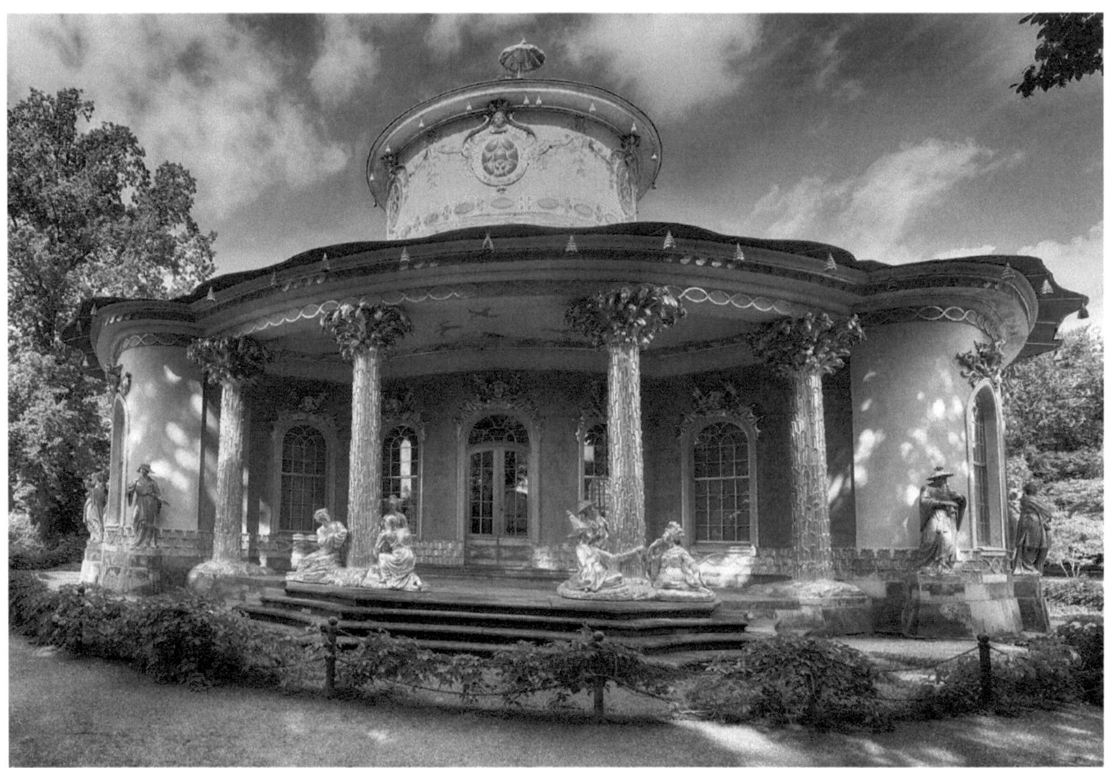

Das Chinesische Haus im Park Sanssouci – die Säulen und Ornamente sind vergoldet

In Summe hat der Park, den Friedrich der II. (der Große) anlegen ließ, etwa 290 Hektar Fläche und 70 Kilometer Weglänge. Man findet darin etliche kleinere oder größere Gebäude, englische und französische Gärten, und natürlich – nachdem man die über zwei Kilometer lange Allee absolviert hat – das eigentliche Schloss Sanssouci.

Der „Alte Fritz", wie Friedrich II. im Volksmund genannt wurde, starb am 17. August 1786 im Sessel seines Arbeits- und Schlafzimmers im Schloss Sanssouci. Er wollte in einer Gruft neben seinen Lieblingshunden beigesetzt werden. Die unterirdische, gemauerte und mit Marmorplatten bedeckte Grabkammer hatte er bereits 1744, noch vor Beginn des eigentlichen Schlossbaues, seitlich auf der obersten Terrasse des gerade angelegten Weinbergs errichten lassen. Für seinen Tod hatte er, der wirklich ein Philosoph war, und mit anderen großen Philosophen Europas zeitlebens in Briefkontakt stand, genaue Anweisungen hinterlassen:

„Ich habe als Philosoph gelebt und will als solcher begraben werden, ohne Gepränge, ohne feierlichen Pomp, ohne Prunk. Ich will weder geöffnet, noch einbalsamiert werden. Man bestatte mich in Sanssouci auf der Höhe der Terrassen in einer Gruft, die ich mir habe herrichten lassen."

Allerdings hielt sich sein Nachfolger, Friedrich Wilhelm II., nicht daran und ließ seinen Vater in in der Gruft der Potsdamer Garnisonkirche unmittelbar neben dem Sarg seines Vaters, des Soldatenkönigs Friedrich Wilhelm I., bestatten. An der Stelle, an der Friedrich eigentlich hatte bestattet werden wollen, ließ er in seinem verbitterten Zynismus lediglich ein Schild anbringen, auf dem zu lesen stand:

„Hier wollte mein Vorgänger begraben sein, er wollte lieber neben seinen Hunden als zwischen seinen Vorfahren liegen."

Erst nach der deutschen Wiedervereinigung wurde die testamentarische Verfügung Friedrichs II. erfüllt, und man verlegte sein Grab an den von ihm gewünschten Ort. Manche Dinge brauchen eben ihre Zeit.

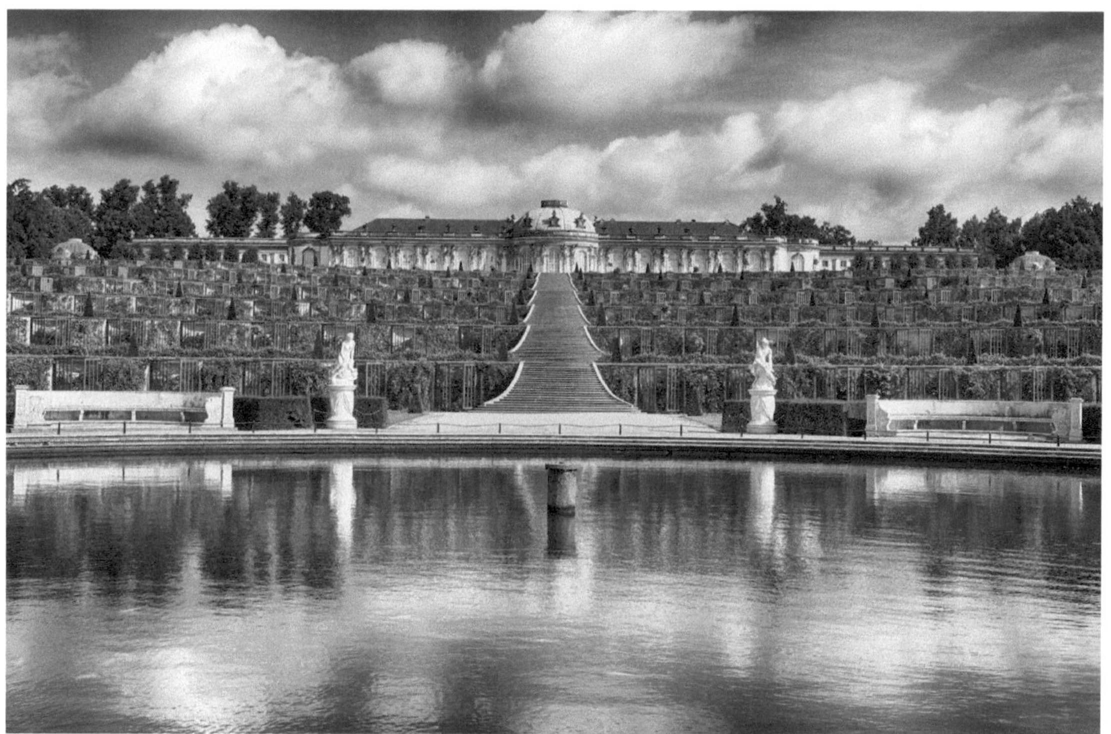

Sanssouci / Potsdam

Über die faszinierende Architektur des eigentlichen Schlosses und der Gärten könnte man Bücher schreiben – und das ist auch geschehen – weshalb ich mich hier darüber nicht weiter auslassen möchte. Man muss das einfach gesehen haben!

Zum Fotografieren ist es allerdings gar nicht so einfach. Selbst so früh am Tag sind schon viele Leute vor Ort, vor allem auch viele Asiaten. Ich will mir gar nicht vorstellen, wie es da erst zu Mittag zugehen muss. Irgendwie geht es dann aber doch, und der Rest der im Bild befindlichen Personen… Nun, Sie wissen schon! Photoshop.

Nach einem Imbiss geht es dann gegen Mittag weiter. Ich möchte noch zur Moritzburg in Sachsen, entscheide mich dann aber doch anders und fahre nach Meißen.

Über Meißen nach Hause

Wo ich gegen 15:30 Uhr eintreffe, allerdings nicht in der Altstadt parke, sondern auf der anderen Seite der Elbe. An der Elbe war ich ja schon einmal: Jahre zuvor in Hamburg. Diesmal ist es Sachsen, und die Albrechtsburg liegt nach einem kurzen Fußweg beeindruckend vor mir auf der anderen Flussseite.

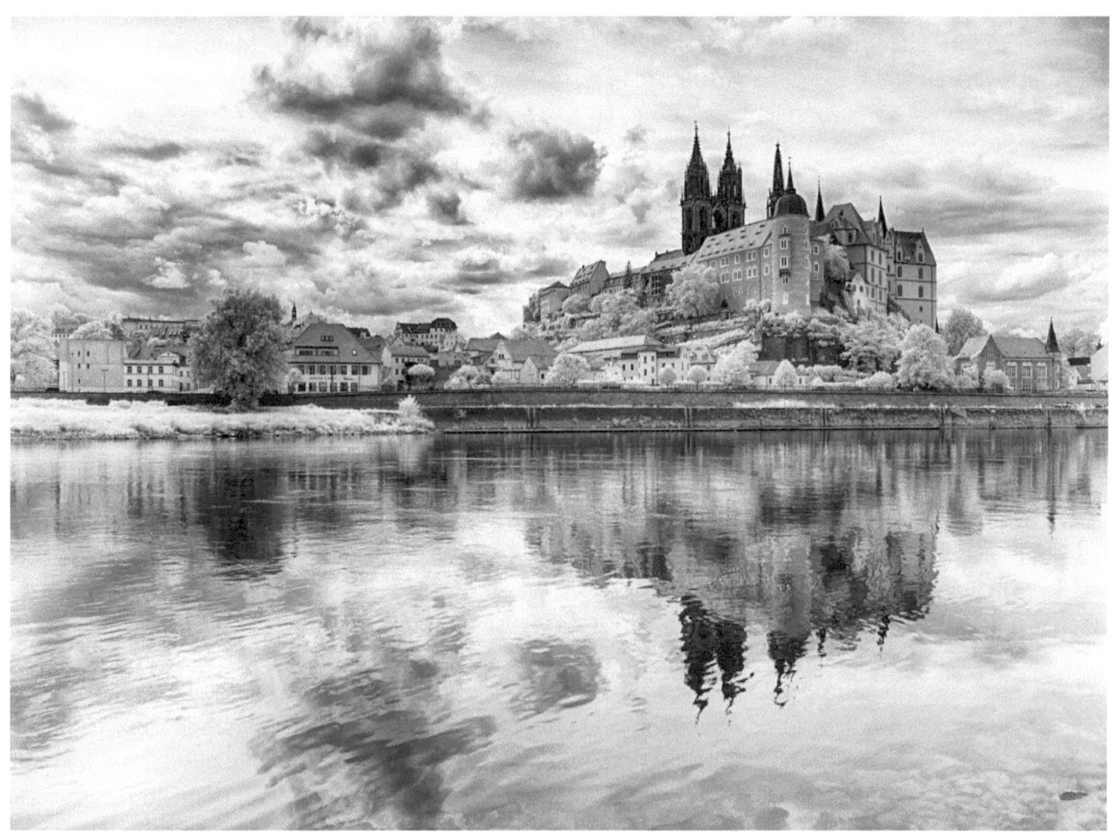

Meißen mit der Albrechtsburg (Infrarotaufnahme)

Ich gehe ein wenig entlang des Elbufers spazieren und fotografiere die schöne Kulisse am anderen Flussufer mit beiden Kameras, wobei der Name der Stadt natürlich Assoziationen zum weltberühmten Meissener Porzellan weckt.

Anfangs des 18. Jahrhunderts gründete August der Starke die „Königlich-Polnische und Kurfürstlich-Sächsische Porzellan-Manufaktur" in Meißen. Im Wort Manufaktur stecken bekanntlich die lateinischen

Vokabel für „Hand" und „machen". Es ging also um reine Handarbeit, und das änderte sich auch nie wesentlich. Bis 1863 war die Manufaktur auf der Albrechtsburg untergebracht, danach in dem bis heute genutzten Manufakturgelände in Meißen-Triebischtal.

Im Zuge der verfassungsmäßigen Erneuerung des staatlichen Eigentums nannte sich das Unternehmen ab 1918 „Staatliche Porzellan-Manufaktur Meissen". Während der DDR-Zeit war sie selbstverständlich ein „volkseigener Betrieb". Nach der Wiedervereinigung wurde sie 1991 als „Staatliche Porzellan-Manufaktur Meissen GmbH", deren Gesellschafter der Freistaat Sachsen ist, eingetragen. Man beachte dabei die geänderte Schreibweise des Ortsnamens, denn es heißt nun zwar „Meissener Porzellan", der Name der Stadt wird aber nach wie vor mit einem „ß" geschrieben.

Die Gründungsgeschichte ist dabei einigermaßen skurril. Der Alchemist Johann Friedrich Böttger behauptete um 1700 herum, dass er aus wertlosen Materialien Gold herstellen könne. Er hätte also gleichsam den Stein der Weisen gefunden, das ewige und nie erreichte Ziel aller Alchemisten des Mittelalters und der frühen Neuzeit. Sein Herrscher, August der Starke, konnte natürlich Gold gut gebrauchen. Zudem fand er, dass es günstig wäre, wenn dieses Gold nur er bekommen würde, also ließ er den Alchemisten kurzerhand in der Jungfernbastei einsperren, auf dass er ihm Gold mache. Das gelang selbstverständlich nie, aber gemeinsam mit Ehrenfried Walther von Tschirnhaus entwickelte er ein weißes Porzellan, das sich August der Starke auch prompt patentieren ließ. Man erzeugte also nun statt gelbem Gold weißes. Das Emblem mit den gekreuzten Schwertern sollte später weltberühmt werden.

Es ist jetzt etwa 16:30 Uhr, und ich überlege, ob und wie ich die Reise fortsetzen solle. Sachsen hätte sehr viele reizvolle Fotomotive zu bieten. Das würde noch etliche Tage ausfüllen. Es wird da wohl einmal ein eigener Urlaub fällig werden. Ich entschließe mich daher, nach Hause zu fahren, und dazu gibt es noch ein kleines Bonmot:

Als ich mich am Morgen im Hotel verabschiedet habe, hat mir der Portier „eine gute Heimreise" gewünscht, obwohl ich kein Wort darüber verloren habe, dass es jetzt heimwärts gehe. Schließlich habe ich das heute Morgen selbst noch nicht gewusst. Dann habe ich einer lieben Freundin, mit der ich während der ganzen Reise per Whatsapp in Kontakt bin, und der ich von vielen Stationen Handyfotos geschickt habe, aus Meißen geschrieben: *Ich glaube, es reicht. Ich werde heimfahren.* Worauf zurückgekommen ist: *Ich hab's gewusst. Du wirkst nämlich schon etwas müde.* Etwas ganz Ähnliches ist in meiner Familiengruppe zu lesen.

Anscheinend haben also vom Hotelportier bis zu meinem Freundschafts- und Familienkreis alle gewusst, dass ich heimfahren werde, nur ich nicht. Ich muss darüber bei Gelegenheit mal nachdenken, aber jetzt setze ich mich ins Auto und düse los in Richtung Süden.

Es geht nach Hause

Es ist ein schönes Stück von Meißen bis nach Gunskirchen, aber fast alles Autobahn. Mein Hörspiel ist ebenfalls im finalen, spannenden Teil angekommen, sodass die Müdigkeit kein Problem darstellt. Die Strecke führt durch den Bayerischen Wald, wo ich ein letztes mal Rast mache und Windräder fotografiere, die sich neben der Autobahn im Abendlicht mit dem Himmel herrlich kontrastieren.

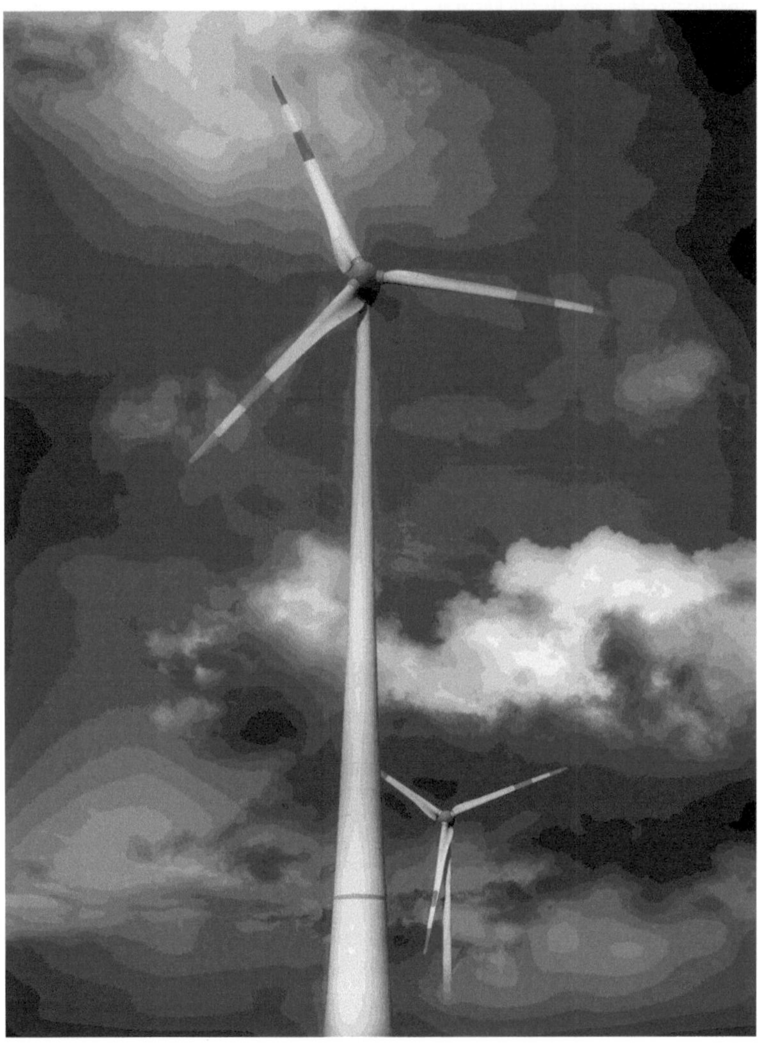

Windräder im Bayerischen Wald

Gegen Mitternacht bin ich dann zuhause. Müde und von den vielen Eindrücken der Reise auch irgendwie ein wenig überfordert. Allerdings gibt es etwas, das ich nach dem Fotografieren nie auf den nächsten tag aufschiebe, sondern immer gleich erledige: Die Inhalte der Speicherkarten werden in den PC kopiert, und ein Sicherungslauf wird gestartet.

Ehrlich gesagt freue ich mich jetzt schon darauf, die Bilder morgen zu sichten, zu kategorisieren und vielleicht das eine oder andere zu bearbeiten. Am Ende sollten doch locker dreizehn brauchbare Bilder für den neuen Kalender übrigbleiben: Zwölf Monate plus das Titelblatt wollen versorgt werden.

Im nächsten Jahr geht es dann nach… alles verrate ich auch nicht!

Weitere Bücher des Autors

Der Autor schreibt seit 2003 Sachbücher, Romane und Kurzgeschichten. Folgende Romane sind von Günter Leitenbauer erhältlich, allesamt als gedrucktes Buch (über den Buchhandel oder Onlineanbieter bestellbar) und als eBook. Die Preisgestaltung hält der Autor dabei bewusst moderat:

Dumpflingserie (Band 1-4). Die Handlung spielt in einem fiktiven kleinen Ort in Oberösterreich und lebt vom Lokalkolorit und den teils skurrilen Charakteren, die sich durch allerlei schrille Aktionen hervortun und ihre Marotten weidlich ausleben, alles eingebettet in Kriminalfälle:

„Dumpfling“
BoD 2015,
132 Seiten
EUR 7,90-
Satirischer Roman
ISBN: 978-3738647310

„Salam Alaikum, Dumpfling!“
BoD 2015
136 Seiten
EUR 7,20-
Satirischer Roman
ISBN: 978-3739200743

„Dumpfling Goes Vienna“
BoD 2015
152 Seiten
EUR 7,20-
Satirischer Roman
ISBN: 978-3739221212

„Dumpfling ist im TV“
BoD 2016
156 Seiten
EUR 7,90-
Satirischer Roman
ISBN: 978-3837082265

Der folgende Roman ist thematisch eher in den Bereichen „Suspense" und „PSI" einzuordnen, und handelt von einem Jungen mit einer besonderen Gabe. Eine Rezension dazu meinte:

„Eine Portion Stephen King, eine Prise Dan Brown - wer diese Autoren und ihre Art zu schreiben mag, dem wird auch dieses Buch gefallen. Überraschend war für mich der Schluss."

„Greif mich an!"
BoD 2018
264 Seiten
EUR 11,30-
Roman (Suspense)
ISBN: 978-3748133391

Vier Geschichtensammlungen des Autors sind ebenfalls erhältlich, auch diese alle als gedrucktes Buch (über den Buchhandel oder Onlineanbieter bestellbar) und als eBook. Es handelt sich dabei jeweils um kurze, satirische Geschichten, ein wenig im Stile Torsten Sträters, bei denen die Komik im Vordergrund steht.

„Gegen jeden was dabei"
BoD 2016
212 Seiten
EUR 9,00-
Satirische Essays
ISBN: 978-3741242601

„Hände hoch, oder ich schreibe!"
BoD 2017
276 Seiten
EUR 10,-
Satirische Essays
ISBN: 978-3743192690

„Hart an der Gretzn"
BoD 2018
184 Seiten
EUR 8,80-
Satirische Essays
ISBN: 978-3748146681

„Das habe ich schon lange vermiest!"
BoD 2020
212 Seiten
EUR 9,00-
Satirische Essays
ISBN: 978-3750431324

Einen besonderen Platz nimmt das folgende Buch ein. Es ist eine Sammlung von Liedtexten, wobei durchwegs sehr bekannte Lieder (von Schlager bis Rock) mit neuen, ironischen Texten versehen wurden. Weit über hundert Lieder wurden dergestalt „ruiniert". Auch dieses ist über den Buchhandel als Printexemplar und als eBook erhältlich:

„Liedruinen – Bekannte Lieder, neue Texte"
BoD 2015
228 Seiten
EUR 10,30-
Satirische Lyrik
ISBN: 978-3738642650

Weiters gibt es noch einige Sachbücher.

Die „geflügelten Worte" behandeln über 400 Redewendungen und Sprichwörter und erklären ihre Herkunft auf amüsante Art und Weise. Erhältlich auf Bestellung im Buchhandel und bei den Onlineanbietern.

„Geflügelte Worte und ihre Abflugorte: Der Ursprung bekannter Redewendungen"
BoD 2020
436 Seiten
EUR 15,-
Sachbuch
ISBN: 978-3751982467

Die „elementaren Geschichten" sind populärwissenschaftlich gehalten und spannen den Bogen über allerlei Gebiete, indem für die darin behandelten chemischen Elemente lustige, interessante oder bemerkenswerte Tatsachen, aufgelockert mit vielen Bonmots, gegeben werden. Es ist nur über Amazon oder direkt beim Autor als Print oder eBook erhältlich.

„Elementare Geschichten"
Independent Publishing 2020
453 Seiten
EUR 15,50-
Sachbuch
ISBN: 979-8640605495

Echte Sachbücher für Programmierer (Einsteiger bis Profis) beziehungsweise Datenbanktechniker sind folgende beiden Bücher, die ebenfalls über den Buchhandel bestellbar sind:

„Datenbankmodellierung"
FRANZIS 2003
400 Seiten
EUR 40,-
Sachbuch
ISBN: 978-3772365195

„Datenbankanwendungen mit VC++ und Oracle: Das Fallenvermeidungsbuch"
BoD 2019
292 Seiten
EUR 22,60-
Sachbuch
ISBN: 978-3749484744

Impressum:

Inhalt © 2023 Dipl. Ing. Günter Leitenbauer

Email: guenter@leitenbauer.net

ISBN: 978-3757890889

Herstellung und Verlag: BoD – Books on Demand, Norderstedt